www.tredition.de

AF158999

Monat
zu Ehren des heiligen Joseph

des
ersten und vollkommensten Anbeters
Jesu Christi

Mit einem Anhang von Gebeten
zu Ehren des heiligen Joseph

Auszug
aus den Schriften des Dieners Gottes des
sel. Pater J. Eymard,
Stifters der Kongregation vom Allerheiligsten Sakrament

Conceditur.
Datum e Curia Ep.
Tridenti, die 17. Aug. 1927.
Dr. B. Rimbl, Prov. gen.

© 2019 Neuauflage
Verlag & Druck: tredition GmbH, Halenreie 40-44, 22359 Hamburg

ISBN:
978-3-7482-8239-6 (Paperback)
978-3-7482-8240-2 (Hardcover)
978-3-7497-1664-7 (e-Book)

Das Werk, einschließlich seiner Teile, ist urheberrechtlich geschützt. Jede Verwertung ist ohne Zustimmung des Verlages und des Autors unzulässig. Dies gilt insbesondere für die elektronische oder sonstige Vervielfältigung, Übersetzung, Verbreitung und öffentliche Zugänglichmachung.

O heiliger Joseph, Vorbild und Patron der Verehrer des heiligen Herzen Jesu, bitte für uns! (100 Tage Ablass)

Psalm 104
über den ägyptischen Joseph

Misit ante eos virum: in servum venumdatus est Joseph…	Er hatte ihnen einen Mann vorausgesandt; als Sklave wurde Joseph verkauft…
Misit rex et solvit eum: Princeps populorum, et dimisit eum.	Der König sandte, man band ihn los; der Fürst der Völker ließ ihn los.
Constituit eum do-minum domus suae: et principem omnis possessionis suae.	Er setzte ihn ein als Herrn seines Hauses und als Fürsten über all sein Gut.

Vorwort

Man findet eine ganze Anzahl von Andachtsbüchern, betitelt: „Monat zu Ehren des heiligen Joseph". Was die gegenwärtige Betrachtung anbelangt, die den Aufzeichnungen des P. Eymard, Stifters der Kongregation vom Allerheiligsten Sakrament, entnommen sind, so dürfen sie mehr oder weniger neu sein, weil sie uns den hl. Joseph als Anbeter vor Augen führen und ihn in Beziehung bringen zum allerheiligsten Sakrament, weshalb es auch auf dem Titelblatt heißt: „Des ersten und vollkommensten Anbeters Jesu Christi". Man könnte vielleicht gegen diesen Ehrentitel des hl. Joseph einwenden, daß ja Maria die erste und vollkommenste Anbeterin gewesen ist; gewiß! – aber unter den Männern war es der hl. Joseph.

Erinnern wir uns bei Benützung dieser Betrachtungen der Stelle des Evangeliums: „Sie (die Hirten) fanden Maria und Joseph und das Kind, das in der Krippe lag." (Lk. 2,16) Jesus ist immer noch auf Erden bei uns, im allerheiligsten Sakramente, und zwar in gewisser Beziehung ebenso schwach, ja noch schwächer als einst in Bethlehem. Werden wir Ihn jetzt mit derselben Liebe und Sorgfalt umgeben wie Maria und Joseph, so dürfen wir hoffen, daß wir Ihm auch einst wie sie nahen dürfen in den ewigen Freuden. Dies wünscht von Herzen allen frommen Lesern

der Übersetzer.

Vorwort zur Auflage 1928

Person und Werk des Apostels der Eucharistie, des sel. P. J. Eymard, haben in der letzten Zeit manche Auszeichnung erfahren. Am 24. Juni 1923 hatten die Mitglieder der Aggregation vom hlst. Sakrament eine Audienz beim hl. Vater Pius XI. in der Sala Ducale. In der Ansprache, die der hl. Vater vom Throne aus hielt, nannte er die Versammelten „eine Vertretung von unseren Söhnen und Töchtern jener großen ausgedehnten Familie . . . einer Gebets- und Lebensweise, welcher ihr euch geweiht habt unter der Leitung und dem frommen Beispiel der Söhne des Ehrw. Eymard". „Der Name des Ehrw. Eymard erinnert uns an eine der glücklichsten Begebenheiten, womit die göttliche Güte den Beginn unserer Regierung einweihen, schmücken und ermutigen wollte. Eine der ersten, feierlichsten und heiligsten Handlungen unseres Pontifikates war ja die Veröffentlichung des Dekretes vom Heldenmut der Tugenden des Ehrw. Eymard."

Eine längere Würdigung der von dem Seligen gelehrten Gebetsweise leitete der hl. Vater mit folgenden Worten ein: „Wir wissen, wie ihr in der Schule des Ehrw. Eymard, jenes wahren Priesters und Apostels der Eucharistie, euch zusammengeschart und in seinen Gedankengang und seine Gebetsweise euch hineingelebt habt, jene Gebetsweise, die er selbst aus allen Jahrhunderten, aus dem tiefsten Sinne der eucharistischen Überlieferung geschöpft und seinen Söhnen hinterlassen hat als eigenstes Erbteil und Merkmal, als besonderen Gegenstand ihrer Studien, als eine Übung, der sie sich selbst hingeben und für deren Verbreitung sie apostolisch wirken. Diese Gebetsweise lernte er vom eucharistischen Jesus, von seiner beständigen Gegenwart auf unseren Altären, diesem Inbegriff so herrlicher Dinge, wo das ganze Wesen und die Ausübung des Kultus und der Religion selbst zusammengefaßt, erhoben und verklärt wird: Die Anbetung, Danksagung, Sühne und Bitte!" („Osservatore Romano" Nr. 145, Jahrg. 1923.)

Durch denselben hl. Vater Pius XI. erfolgte auch die Seligsprechung des Ehrw. P. J. Eymard am 12. Juli 1925 in der Peterskirche zu Rom.

ERSTER TEIL:
Betrachtungen auf jeden Tag des Monats

Monat des hl. Joseph

1. Tag
Gebetsmeinung für den Monat des hl. Joseph

Freuen wir uns! Wir sind nun im schönen Monat des hl. Joseph! Den müssen wir besonders gut zubringen. Was ich euch allen wünsche, das ist eine große Andacht zum heiligen Joseph! Es ist übrigens auch nur billig, daß wir, die wir berufen sind, vor allem für die Ehre des unter uns lebenden Heilandes zu wirken, auch gerade für diejenigen Heiligen eine besondere Andacht haben, die durch Verwandtschaft oder ihr Amt in eine engere Beziehung zu Ihm getreten sind[1]

Ich will euch den heiligen Joseph als den vollkommensten Anbeter und als das vollendetste Vorbild des Anbetungslebens vor Augen stellen. Seinen schönen Monat wollen wir aufopfern für die heilige Kirche und ihr bedrängtes Oberhaupt, auch für unser Vaterland, daß der hl. Joseph ihm Glaube und Sitte erhalte und ihm das lebenspendende Himmelsbrot

---

[1] Dieser Satz findet seine Erklärung darin, daß diese Betrachtungen vom verehrten Verfasser zunächst für die Mitglieder seiner Ordensfamilie bestimmt waren.

erbitte, damit es neubelebt und vor dem geistigen Hungertod bewahrt werde. Und wenn wir dem hl. Joseph das Wohl der Kirche und des Vaterlandes und den hl. Vater empfohlen haben, sollte er dann sich nicht auch unserer erinnern, unserer kleinen Genossenschaft und aller Seelen, die mit uns in gleicher Andacht vor dem hl. Sakramente vereinigt sind?

Zu ihm wollen wir auch beten um gute Berufe, nicht um zweifelhafte, die weder Gott noch dem Teufel angehören. Ja, laßt uns den heiligen Joseph um gute Anbeter bitten, um gute, wahre Anbeter, die ihn vor dem im hl. Sakramente gegenwärtigen Gott vertreten und sein Anbeterleben wiederspiegeln.

Und wenn ihr große Anliegen habt, vertrauet nur und verlaßt euch ganz auf die Güte des heiligen Joseph. „Alles so, wie du es wünschest, lieber Heiliger, nichts, als was du willst! Du bist so mächtig im Himmel, sieh diese kleine Familie zu deinen Füßen, schließe sie in deine Liebe ein, sie will ja Jesu dienen, der im heiligsten Sakramente noch schwächer und ärmer ist, als in Bethlehem und Nazareth; segne sie und sei ihr Vater und Beschützer!

Glaubt nur, daß der hl. Joseph sich wird rühren lassen und alles gewähren wird.

Gedanken über den hl. Joseph

So wie Gott den ägyptischen Joseph, den Sohn des Patriarchen Jakob, zum Verwalter Ägyptens einsetzte, damit er Getreide für das Volk aufbewahre, so hat Er, als Er in der Fülle der Zeiten der Welt seinen eingeborenen Sohn als Erlöser sandte, einen andern Joseph auserwählt, von dem der erste ein Vorbild war.

Ihn setzte Er zum Herrn und Fürsten über sein Erbe und übertrug ihm die Obhut über seine teuersten Güter. Hatte ja doch der hl. Joseph zur Braut die unbefleckte Jungfrau Maria, aus welcher durch Mitwirkung des hl. Geistes unser Herr und Heiland Jesus Christus geboren ist, der in den Augen der Menschen als Josephs Sohn gelten und ihm untertan sein wollte.

Ihn, den so viele Könige und Propheten zu sehen gewünscht, hat Joseph nicht nur gesehen, mit Ihm hat er verkehrt und Ihn an sein Herz gedrückt. Den die Gläubigen einst als Himmelsbrot empfangen sollten, den hat er mit der zärtlichsten Sorgfalt gehütet.

Wegen dieser erhabenen Würde, mit der Gott seinen so treuen Diener auszeichnen wollte, hat die Kirche von jeher dem hl. Joseph einen Tribut der Ehre und des Lobes gezollt, der nur hinter der Verehrung steht, die sie seiner jungfräulichen Braut, der Gottesmutter Maria erweist, und seinen Schutz in allen Nöten angerufen. In den schlimmen Zeiten aber, in denen die Kirche von allen Seiten verfolgt wurde, hat Papst Pius IX., bewogen durch die traurige Lage der Zeitverhältnisse, den hl. Joseph zum Patron der katholischen Kirche erwählt, um sich und die Gläubigen unter seinen mächtigen Schutz zu stellen, ganz entsprechend den Wünschen der sämtlichen Bischöfe der katholischen Welt und der ihnen anvertrauten Gläubigen (Dekret „Urbi et orbi" vom 8. Dezember 1871).

Anmutung: Heiliger Joseph, vom himmlischen Vater mit der Pflege des Weizens der Auserwählten betraut, bitte für uns!

2. Tag
Die dreifache Krone des hl. Joseph

Zuerst wollen wir unsern Heiligen mehr im allgemeinen betrachten, darauf jede seiner Würden und Tugenden im besondern. Seine Würden und seine Tugenden sind so groß, daß man immer wieder darauf zurückkommen kann, ohne sie zu erschöpfen und ohne zu ermüden.

Drei Perlen strahlen vor allem in seiner glänzenden Krone: seine Würde, seine Heiligkeit und seine Macht. Zunächst seine Würde. Der heilige Joseph ist der Vertraute des ewigen Vaters, sein Stellvertreter und gleichsam sein Abbild. Hat ihm doch der himmlische Vater sein kostbarstes Unterpfand, seinen anbetungswürdigsten Sohn, den Er wie sich selbst in unendlicher Liebe liebt, und Maria, die erste unter allen Geschöpfen anvertraut. Joseph ist das Oberhaupt der Heiligen Familie, dieser sozusagen irdischen Dreieinigkeit, die der himmlischen so ähnlich ist. Josua gebietet der Sonne; aber hier ist der wahre Josua, der den Schöpfer der Sonne nach Belieben gehen oder kommen heißt.

Und in seiner Heiligkeit ist er noch größer als in seiner Würde. Er hat von Gott die Gnaden eingegossener Heiligkeit in reichster Fülle empfangen; geheiligt vom Mutterschoße an ist er mit allen Vorzügen der Gnade, die Gott anderen Heiligen gewährt, ausgestattet. Die Heiligkeit, welche er besaß und die das Evangelium in dem einen Worte zusammenfaßt: „Er war gerecht", ist die Gesamtheit aller Tugenden in ihrer Vollendung.

Das Evangelium weist uns hin auf seine Liebe, seine Reinheit, seinen vollkommenen Gehorsam, auf seine Liebe, die sich für Jesus opfert, auf seine Demut, seine Liebe zum einfachen und zurückgezogenen Leben. Ein Blick auf die Geheimnisse, an denen er so innigen Anteil nimmt, läßt ihn uns im Glanze der erhabensten Heiligkeit erstrahlen und dies eine Wort: „Er war gerecht", verbürgt und besiegelt uns seine vollendete Heiligkeit.

Seiner Würde und Heiligkeit ganz entsprechend ist auch die Macht, mit der Gott ihn bekleidet hat. Der hl. Joseph hatte in seiner Eigenschaft als Haupt der Heiligen Familie nicht nur alle Gewalt über den Willen von Jesus und Maria, sondern Jesus und Maria gaben ihm auch alle Gewalt über ihr Herz.

Er hatte ein Anrecht auf alle Güter seines Sohnes, also auf die Reichtümer Gottes, ein Anrecht auf alle Gnadenschätze seiner Braut, die deren mehr besaß, als alle Heiligen zusammen. Und im Himmel noch hört sich Joseph vom Herrn der Engel und Menschen Vater nennen. Maria, die Königin Himmels und der Erde, nennt ihn auch jetzt noch ihren Bräutigam und ehrt ihn als solchen.

Gedanken des hl. Bernard

Wollt ihr euch von der Größe des hl. Joseph eine kleine Vorstellung machen, so bedenkt bloß, daß er durch besonderen Gnadenvorzug Gottes verdient hat, den Namen „Vater Gottes" zu tragen; erwäget auch, daß sein Name Joseph so viel als Wachstum bedeutet. Und wenn ihr ihn mit dem großen Patriarchen Joseph, der von seinen Brüdern nach Ägypten verkauft wurde, vergleichen wollt, so glaubt nur, daß unser Joseph nicht bloß von ihm den Namen, sondern auch seine Macht, seine Unschuld und seine Heiligkeit geerbt hat. Und wie der ägyptische Joseph das Getreide Ägyptens nicht für sich aufgespeichert hat, sondern lediglich für die Nöten des Volkes, so hat der Joseph des neuen Bundes vom Himmel die Fürsorge für das Brot des Lebens nicht so sehr für sich, als vielmehr für die ganze Welt erhalten.

Anmutung: Heiliger Joseph, der du über die eucharistische Kornkammer des himmlischen Vaters gesetzt worden, bitte für uns!

3. Tag
Würde des hl. Joseph

Umsonst suchen wir einen Heiligen, der zu einer solchen Würde wie der hl. Joseph erhoben worden wäre: seine erhabene Würde besteht darin, der gesetzliche Vater des menschgewordenen Sohnes Gottes zu sein. Ihn nennt Gottes Sohn seinen Vater, ihm ist Gottes Sohn untertan, des ewigen Vaters Eingeborener Sohn scheut sich nicht, ihn um seinen Segen zu bitten. Der himmlische Vater hat sich gleichsam seiner Rechte über seinen Sohn entäußert und sie in die Hände des heiligen Joseph gelegt. Der hl. Joseph hatte tatsächlich über Jesus das volle Verfügungsrecht. Gottes Wille ist es, daß Jesus dem hl. Joseph gegenüber alle Pflichten eines folgsamen Kindes erfülle. Die Engel selbst wundern sich, sind des Staunens voll und können es nicht fassen, daß dieser Mann dem ewigen Wort, das sie anbeten, gebietet, und daß er schlicht und einfach tut, was sie selbst zu tun sich niemals erkühnen dürften. Jesus selbst vertraut dem hl.

Joseph seine göttliche Mutter an. Er soll der Wächter und Beschützer der allerseligsten Jungfrau sein, des reinsten und erhabensten Geschöpfes, das je aus Gottes Hand hervorgegangen. Er soll der ihr verlobte Bräutigam sein, er soll ein unumschränktes Recht auf ihre Unterwürfigkeit und ihre Liebe haben und Maria soll ihn schätzen und lieben mit der ganzen Liebe einer trauten Braut. Welch hohe Ehre liegt darin für den hl. Joseph, durch so innige Bande mit derjenigen verbunden zu sein, die Gottes Sohn seine Mutter nennt und die dereinst als die Königin der Engel und Menschen gekrönt werden wird.

Nährvater Jesu, Bräutigam Mariens! Das sind die beiden Quellen der unvergleichlichen Größe des hl. Joseph, die ihn hoch über die andern Heiligen des Himmels erheben. Sein Name ist mit dem Geheimnis der Menschwerdung aufs engste verknüpft, dem Fleisch gewordenen Wort steht er so nahe.

Erst im Himmel werden wir seine ganze Größe verstehen und seine Glorie wird dereinst ein Teil unserer Himmelsglorie sein. Aber schon hienieden können wir ahnen, welche Ehre er im Himmel haben wird. Solange Jesus in Bethlehem und Nazareth war, hat es zwei Himmel gegeben, einen, in dem Gott sich den Engeln in seiner Glorie und ganzen Herrlichkeit offenbarte, und einen anderen in Bethlehem und Nazareth, wo Gottes Sohn sich in seiner Liebe zeigte. Jesus hatte zwei Väter, denen Er gehorsam war. Und in gewisser Beziehung war dieser Himmel auf Erden dem andern vorzuziehen, weil der Sohn Gottes hier litt und uns so seine größte Liebe erzeigte. Er war auch mannigfaltiger, weil hier Gottes Sohn als Gott und als Mensch zugleich wohnte; und der heilige Joseph war das Haupt dieser Dreiheit auf Erden, beglückt vom Glücke dieses kleinen irdischen Paradieses.

Gedanke des hl. Franz von Sales

Wenn eine Taube mit einer Dattel im Schnabel über einen Garten flöge und diese Dattel in den Garten fallen ließe, und wenn dann dieser Dattelkern keimte und zu einem Baum würde, wem anders würde dann wohl dieser zugehören als dem Eigentümer des Gartens? Dem Eigentümer, welchem Grund und Boden zu eigen gehört, ihm gehört doch alles, was darauf wächst. Was eine Sache einträgt, gehört ihrem Eigentümer. Nun hat aber die Himmelstaube, die einstens über den Fluten des Jordan schwebte, den unverweslichen Kern des ewigen Wortes in den reinsten Schoß Mariens, der auch gleichsam ein ringsum verschlossener Garten ist („Ein verschlossener Garten bist du, meine Schwester, meine Braut, ein verschlossener Garten." Hohelied 4, 12), herniederfallen lassen und es ist daraus „der Gerechte" emporgewachsen und ist groß geworden und aufgewachsen wie eine Palme („Der Gerechte wächst empor wie eine Palme"). Weil aber die hl. Jungfrau die Verlobte Josephs ist, so gehörte das, was Gott wunderbar aus ihr wollte geboren werden lassen, ganz naturgemäß auch ihm. „Was auf meinem Acker wächst, ist mein", sagen die Rechtsgelehrten. Jesus ist gleichsam Josephs Sohn. Er ist die Weizenähre, die auf seinem Felde aufgewachsen, eine glutrote Traube, herangewachsen an dem Rebstock, den er sein eigen nannte; ihm gehört darum mit Recht der Weizen der Auserwählten und der Wein, der Jungfrauen sprießt, ganz zu eigen.

Anmutung: Heiliger Joseph, gib uns heute unser übernatürliches Brot!

4. Tag
Der Reichtum des hl. Joseph

Der hl. Joseph ist von allen Heiligen der reichste. Gott war es sich selbst schuldig, ihn mit göttlicher Freigebigkeit auszustatten; sonst hätte sich der hl. Joseph ja beklagen können, daß der Herr ihm die Mittel nicht gegeben habe, seine Stellung zu wahren. Wir wissen, daß Gott seine Gnaden im Verhältnis zu dem, was Er von uns fordert, bemißt. Er gibt sogar mehr, als wir brauchen, Er spendet seine Gnaden in überreichem Maße und gibt dazu noch besondere Standesgnaden. Er behandelt seine Heiligen höchst ehrenvoll und teilt seine Gnaden so aus, wie es seiner Würde als Gott entspricht.

Der himmlische Vater wollte auf Erden nur von einem Heiligen vertreten werden, und darum mußte Er ihm auch selbstverständlich alles geben, was die geziemende Vertretung seiner Vaterwürde erheischte. Der Sohn, der einen seiner würdigen Nährvater wollte, fügte noch besondere Gnadenschätze und Auszeichnungen hinzu. Und der Heilige Geist endlich, der seine himmlische Wirksamkeit unter dem schützenden Schleier des hl. Joseph entfalten wollte, hat ihn mit dem schönsten Tugendkranze geschmückt.

Der hl. Joseph hat zu allererst die Gnaden erhalten, die notwendig sind, um zu einem großen Werke den Grund zu legen. Alle Vorzüge des Verstandes und des Herzens, alle natürlichen Güter sind ihm im reichsten

Maße zu teil geworden. Er war aus dem königlichen Hause Davids und gleichsam auch ein König von Gottes Gnaden. Sein Verstand war durch ganz besondere Klarheit erleuchtet, um die Größe des hehren Geheimnisses zu erfassen, dessen Hüter er während dreißig Jahren war. Und von welch großer Liebe war sein Herz erfüllt! Nächst dem Herzen Marias gibt es kein Herz, noch wird es jemals eines geben, das größere Liebe hätte. Von seinem Äußeren brauchen wir nichts zu sagen: edle, männliche Würde und eine gewisse Majestät lag in demselben ausgeprägt.

Gott wollte aber auch, daß der hl. Joseph das demütige Leben seines göttlichen Sohnes teile: Er bedeckte ihn darum mit dem Mantel der Niedrigkeit; von Jerusalem ließ Er ihn fortgehen und wies ihn in eine Stadt, die sich in der Öffentlichkeit keines besonders guten Rufes erfreute, von der man vielmehr sagte, daß aus ihr nichts Gutes hervorgehen könne; und hier ließ Er ihn auch ganz in der Verborgenheit sterben.

Vor Gottes Angesicht war der hl. Joseph groß; in den Augen der Menschen ist er es auch und wird es von Tag zu Tag immer mehr. Wir müssen in seine Größe immer mehr eindringen und unsere Herzen müssen ihn immer inniger und kindlicher verehren.

Gedanke des hl. Bernard

Wer möchte wohl daran zweifeln, daß dieser Joseph ein guter und getreuer Diener gewesen, der durch eine heilige Vermählung mit der Mutter des Erlösers verbunden war? Er war ein wirklich kluger und treuer Diener, er, den Jesus zum Tröster seiner liebsten Mutter, zum Ernährer seiner Menschheit und zum einzigen, so ganz zuverlässigen Mithelfer seines großen Werkes hienieden eingesetzt hat.

Anmutung: Heiliger Joseph, der du denjenigen ernährt hast, der uns mit seinem heiligen Fleische ernährt, bitte für uns!

5. Tag
Die königliche Abstammung des hl. Joseph

Als Gott der Vater beschloß, der Welt seinen Sohn hinzugeben, wollte Er es in einer seiner würdigen Weise tun, denn Ihm gebührt alle Ehre und alles Lob. Er bereitete Ihm einen königlichen Hof und eine königliche Dienerschaft, ganz so, wie sie seiner würdig waren. Gott wollte, daß seinem Sohn auch auf Erden ein, wenngleich nicht in den Augen der Menschen, so doch in seinen eigenen, ehren- und glanzvoller Empfang bereitet werde. Dieses gnadenvolle Geheimnis der Menschwerdung des ewigen Wortes hat er nicht von ungefähr gewirkt, und darum waren denn auch diejenigen, die auserwählt worden, daran teilzunehmen, lange im Voraus von Ihm vorbereitet. Die Ersten an der Seite des menschgewordenen Gottes sind Maria und Joseph. Gott selbst hätte für seinen Sohn niemand finden können, der würdiger gewesen wäre, mit Ihm so vertraut zu verkehren.

Betrachten wir nur den hl. Joseph. Mit der Erziehung des Sohnes des Königs Himmels und der Erde betraut, beauftragt, Ihn zu führen und Ihm zugleich zu dienen, geziemte es sich doch, daß sein Dienst für seinen göttlichen Pflegesohn eine Ehrung bedeute. Gottes Sohn darf sich auch seines irdischen

Pflegevaters nicht schämen müssen. Und so wie Er selbst ein König ist aus dem Stamme Davids, so läßt Er Joseph aus demselben königlichen Stamme hervorgehen. Er will, daß er selbst irdischen Adel besitze. In Josephs Adern fließt das Blut Davids, Salomons und aller edlen Könige Judas; wenn seine Dynastie den Thron noch innehätte, so würde er der rechtmäßige Erbe sein und ihn seiner Zeit besteigen. Stoße man sich nicht an seiner augenblicklichen Armut; ungerechter Weise ist seine Familie des Thrones, auf den sie das vollste Anrecht hatte, beraubt worden; er bleibt nichts desto weniger König, der Sohn dieser Könige von Juda, der größten, edelsten und reichsten der Erde. Auch in den Registern der Volksaufnahme zu Bethlehem wird er vom römischen Statthalter Davids eingeschrieben und anerkannt: das ist sein königlicher Adelsbrief, da steht es ausdrücklich und mit königlichem Siegel bestätigt.

„Aber", sagt man vielleicht, „was liegt am Adel Josephs? Jesus ist doch nur gekommen, um sich zu verdemütigen." Darauf antwortete ich: „Gottes Sohn, der sich für eine Zeit verdemütigen wollte, wollte doch zugleich auch in seiner Person alle Arten der höchsten Würden vereinigen. Auch er ist König durch Erbrecht, aus königlichem Geschlecht. Jesus ist von adliger Herkunft, und wenn Er auch seine Apostel aus dem einfachen Volke erwählen wird, so wird Er doch auch sie in den Adelsstand erheben. Dazu hat Er, der Sohn Abrahams, der Erbe des Thrones Davids, sehr wohl das Recht. Die bevorzugte Stellung Einzelner entspricht seinen Absichten. Auch die Kirche stellt den schlichten Bürger nicht über den König; achten auch wir hoch, was sie hochachtet; die königliche Würde ist von Gott.

Aber muß man denn von königlicher, oder auch nur von vornehmer Herkunft sein, um dem Heiland dienen zu dürfen? Wenn ihr es wäret, so könntet ihr Gott gewiß große Ehre erweisen; aber notwendig ist es nicht. Gott begnügt sich auch schon mit dem guten Willen und mit dem Adel des Herzens. Die Jahrbücher der Kirche weisen nach, daß eine große Anzahl von Heiligen, und es waren nicht die Geringsten, ein adliges Wappen trugen, einen großen Namen hatten und einer berühmten Familie angehörten: viele waren selbst königlicher Abstammung. Gott gebührt ja die Ehre und die Huldigung aller. Der heilige Joseph erhielt im Tempel seine besondere Erziehung und so bereitete Gott selbst ihn vor, einstens der würdige Diener seines Sohnes, der Vasall des edelsten Königs und der Beschützer der hehren Königin des Weltalls zu werden.

Gedanke Gersons

Nach den Vorzügen zu urteilen, die dem heiligen Joseph verliehen wurden, ist man zu der Annahme berechtigt, daß auch er vor seiner Geburt, ähnlich wie der hl. Johannes der Täufer, geheiligt worden. Erwägen wir nur, daß er dem Heiligsten der Heiligen, Jesu, öfters nahen, Ihm mehr Dienste leisten durfte und darum von Anfang seines Lebens an reiner sein mußte als Johannes der Täufer. Erwägen wir ferner, daß der hl. Joseph jungfräulich gelebt hat, wie Jeremias und Elias, der hl. Johannes der Täufer und Maria, seine heilige Braut. Der gebenedeite Sohn Gottes hielt die Jungfräulichkeit so wert, daß Er nur von einer jungfräulichen Mutter wollte geboren werden. So wollte Er auch nur von dem bewacht, ernährt, gepflegt, geleitet und getragen werden, der in reiner Jungfräulichkeit erglänzte;

„denn", so sagt der Weise, „wer die Herzensreinheit liebt, wird den König zum Freunde haben." Und wer ist wohl mehr dieser König, als Jesus Christus?

Anmutung: Heiliger Joseph, der du bei dem Herzen Jesu alles vermagst, bitte für uns!

6. Tag
Die Heiligkeit Josephs bereitet ihn auf sein erhabenes Amt würdig vor

Ehren und Würden machen die Heiligkeit nicht aus. Die erhabenen Obliegenheiten des hl. Joseph sind darum noch nicht sein höchster Ehrentitel. Allein, da die Würde von Gott kommt, so setzt sie bei denjenigen, denen Gott dieselbe verleiht, eine Heiligkeit voraus, welche verdient, sie zu bekleiden. Wie groß muß darum Josephs Heiligkeit gewesen sein, um so erhabene Auszeichnungen zu verdienen, welche keinem andern Sterblichen je verliehen wurden, noch auch jemals verliehen werden. Ohne Zweifel ist er unter allen Männern der heiligste gewesen, denn es war nur geziemend, daß Gott den vollkommensten und würdigsten auswählte, um ihm so große Befugnisse über Jesus und Maria anzuvertrauen.

Seine Heiligkeit stand zu seiner Würde im schönsten Verhältnisse. Er ist der Bräutigam der allzeit reinen Jungfrau und zwar ein stets jungfräulicher Bräutigam. Diese Tugend erglänzte in ihm in ihrer ganzen Schönheit angesichts der Mutterschaft Mariä, als er um das göttliche Geheimnis noch nicht wußte. Er ist der Pflegevater Jesu, sein Vater vor dem Gesetz, sein Nährvater; mit welcher Treue, Aufopferung und Liebe dient und beschützt er Jesum in Bethlehem, in Ägypten und in Nazareth bis zu seinem Tode! Jesus war eben sein eins und alles. Er besaß im höchsten Grade alle Tugenden des treuesten Mannes, alle guten Eigenschaften des zärtlichsten und hingebendsten Vaters und er übte dieselben in ihrer ganzen Vollkommenheit gegenüber Maria und Jesus.

Mit welcher Verschwiegenheit bewahrte Joseph das Geheimnis über Jesus und Maria! Er ist auf Erden der einzige Hüter und Herr so kostbarer Kleinodien: ein Wort, ein einziges Wort seinerseits, und er wäre mit Ehre überhäuft worden, und man würde ihn als den glücklichsten, als den unter allen am meisten zu verehrenden Vater gepriesen haben. Er soll sich in der Verborgenheit seines bescheidenen Handwerks, in der Armut seines Lebens, in der Vergessenheit von der Welt, seines Glückes allein freuen. Welch ein schönes Beispiel der Demut für uns! Es lehrt uns, Gottes Gaben, unsere geringe Tugend verborgen zu halten, um sie so vor eitlem Menschenlob zu hüten.

Der heilige Joseph, unter allen Heiligen der heiligste, ist auch der demütigste und der verborgenste von allen: so hat er an der Heiligkeit Jesu und Marias seinen ganz besonderen Teil, deren unermeßliche Gnaden- und Tugendschätze uns erst dereinst im Himmel offenbar werden.

Gedanke des hl. Chrysostomus

„Glaube nicht, o heiliger Joseph, daß du der Heilsordnung dieses großen Geheimnisses ferne stehst, weil der Erlöser vom Heiligen Geist empfangen wurde. Freilich hattest du keinen Anteil an dieser göttlichen Erzeugung aus Maria der reinsten Jungfrau, aber der Glanz dieser Jungfräulichkeit ist in keiner Weise getrübt, wenn dir das Vaterrecht eingeräumt wird, diesem göttlichen Kinde einen Namen zu geben; „du sollst ihm den Namen Jesus geben". Obschon Er dein Sohn nicht ist, hast du doch alle Sorge eines Vaters um Ihn, und indem du Ihm seinen Namen gibst, bist du mit Ihm durch alle Bande der Vaterschaft eng verbunden.

Der Heilige Geist, der durch den Mund der Propheten spricht, hat den Erlöser mit verschiedenen andern bedeutungsvollen Namen verkündigt: „Sein Name wird sein Emmanuel", heißt es bei Isaias; und anderswo: „Sein Name wird sein: Wunderbarer, starker Gott, Vater der Zukunft, Friedensfürst!" Aber, indem der hl. Joseph dem Heiland der Welt den Namen Jesus gab, hat er der Menschheit alle Geheimnisse kundgemacht, von denen sie keine Ahnung hatte, geschweige denn, daß sie in ihre Bedeutung einzudringen wußte. Welch eine hohe Ehre, in solcher Weise das Werkzeug des Heiligen Geistes zu sein! Es brauchte einen heiligen Joseph, der Welt diesen anbetungswürdigen Namen zu offenbaren und ihn dem göttlichen Kinde beizulegen."[1]

Anmutung: Heiliger Joseph, der du denjenigen deinen Sohn nennst, den wir in der Eucharistie anbeten, bitte für uns!

---

[1] Auszug aus den Gnadenvorzügen des hl. Joseph, von Isidor A.l'Oste. Adrian VI. gewidmet.

7. Tag
Wonach man die Größe des hl. Joseph am besten beurteilen kann

Der heilige Joseph war der erste Anbeter, die erste gottgeweihte Person: er betete den Heiland freilich nicht unter Brotsgestalt an und er hatte auch nicht das Glück, kommunizieren zu können. Aber dennoch besaß auch er Jesum ganz und er betete ihn in seiner menschlichen Gestalt an.[1]

Der heilige Joseph hat den göttlichen Heiland besser und mehr gekannt als alle Heiligen zusammen; er hat nur für den Heiland gelebt, das ist sein besonderer Vorzug, der Charakter seiner Heiligkeit, darin ist er unser Vorbild und darin besteht auch seine unvergleichliche Würde.

Wohl ist sein Leben nur wenig bekannt und er tritt nach außen nur wenig hervor; aber soll man denn die Größe der Heiligen nach dem Glorienschein bemessen, der ihr Leben hier auf Erden umgibt?

Gott verklärt seine Heiligen im Himmel; wir möchten gern, daß er sie auch schon auf Erden mit Glanz umgebe. Wir machen es da wie die Juden, die einen Messias in Glanz und Ehre wollten. – Wenn wir einen Heiligen betrachten, so sehen wir ihn gern in seiner äußeren Glorie und ehren oft allzu sehr den Menschen an ihm.

---

[1] Über die innige Beziehung des hl. Joseph zum hl. Sakramente hat Bischof Petrus Anastasius von Tarbes einen sowohl für den Verstand als für das Herz vortrefflichen Hirtenbrief erlassen.

Gewiß ist es zu loben, wenn man Gottes Gaben in seinen Heiligen rühmt; allein hierbei schleicht sich sehr gern die menschliche Armseligkeit ein; man stellt sich neben den Heiligen und vergleicht sich in selbstgefälliger Weise mit ihm. Selbstsucht und ein gewisses Verlangen, dem göttlichen Heiland zu dienen, um auch erhöht zu werden, kommt hinzu; das ist nun einmal die Erbschaft des alten Menschen, der immer selbst auch etwas sein möchte, sogar dann, wenn er Gott dient, oder zu dienen glaubt.

Nein, wir sollen vielmehr die Heiligen in Jesus Christus betrachten. Um über die Größe eines Heiligen urteilen zu können, habe man darauf acht, inwiefern derselbe sich Jesu Christo gleichförmig gemacht hat; so bringt man die Heiligen in ihren Brenn- und Zielpunkt; man bindet den Strahl mit der Sonne, die ihn entsendet: dann sind es nicht so sehr bloß die Gaben Gottes, dann ist es nicht der Mensch, den man ehrt, sondern Jesus selbst, der Urheber aller Heiligkeit; denn es sind nicht so fast die Heiligen, die in Jesus leben, als vielmehr Jesus, der in den Heiligen lebt, nach dem Worte des heiligen Paulus: „**Nicht ich lebe, sondern Christus lebt in mir.**"

Indem wir erwägen, in wie naher Beziehung der hl. Joseph zum göttlichen Heiland stand und in Ihn umgestaltet worden, erfassen wir seine eigentliche Größe und wahre Heiligkeit. Dieses soll uns den ganzen Monat über beschäftigen, wir wollen täglich eine seiner Tugenden und Gnaden im einzelnen betrachten; so werden wir in ihm den vollkommensten Anbeter erkennen, der ganz Jesu geweiht, stets in seiner Nähe lebte, für Ihn arbeitete, mit Ihm und für Ihn sich ganz aufopferte, dessen Leben nur Tugendblüten hervorbrachte und uns zum Vorbilde dienen soll, um uns nach demselben umzugestalten.

Gedanke des hl. Bernardin von Siena

„Um besser zu erkennen, mit welcher Hingebung Joseph den göttlichen Heiland liebte, erwäge man, wie diese Liebe sich immer mehr und mehr in der unmittelbaren Nähe des Gottmenschen und seiner göttlichen Mutter verklären mußte. Welchen Nutzen bringt nicht schon der Umgang mit großen Heiligen! Um wie viel mehr mußte da der innige Verkehr mit dem Erlöser und seiner reinsten Mutter auf die Seele des hl. Joseph einwirken, der so lange Jahre mit ihnen zusammenlebte. Und wenn man bedenkt, daß Joseph der Nährvater Jesu und rechtmäßige Gemahl der hl. Jungfrau war, und alles mit ihnen teilte, welche Vorstellung darf man sich da von den Erleuchtungen und Tröstungen machen, die er vom göttlichen Heilande und der seligsten Jungfrau empfing?"

Anmutung: Heiliger Joseph, dessen Leben gänzlich in Jesu Leben aufgegangen ist, bitte für uns!

8. Tag
Der hl. Joseph lebte nur für Jesus

Alle Gnaden, die der hl. Joseph empfangen hat, sind ihm im Hinblick auf seine Beziehung zu Jesus und Maria verliehen worden. Seine Tugend mußte mit ihrer Hilfe wie die Blume aus dem Stengel herauswachsen und sich zu Jesus hinneigen, zu Jesus durch Maria.

Verfolgen wir diesen Gedanken ein wenig. Gott hat den hl. Joseph einzig zum Dienst für seinen Sohn erschaffen, und für nichts anderes; für nichts anderes und für keinen Menschen war Joseph da. Gott der Vater hatte den hl. Joseph für Jesus erschaffen und ausgestattet; das ewige Wort hat ihn für sich und zwar für sich allein bestellt. Die heilige Dreifaltigkeit hatte ein Meer von Gnaden über ihn ausgegossen, alle Gnaden der Gerechten des alten Bundes, der Patriarchen und Propheten; er vereinigte das natürliche und das übernatürliche Erbe aller Heiligen, die ihm vorangegangen waren; näher mit dem göttlichen Heiland vereinigt als irgendein anderer, wurde ihm gleichsam die erste Gnade, die erste Frucht zuteil, und alles dieses war ihm nur wegen seiner persönlichen Beziehung zum göttlichen Heilande verliehen worden.

Für Jesus Christus erschaffen, konnte der hl. Joseph nur für Ihn leben, nur für Ihn sich der Tugend befleißen. Die Heilige Schrift nennt ihn einen guten und treuen Diener, weil er sich in der Tat ganz dem Dienst der anbetungswürdigen Person des Sohnes Gottes geweiht hatte. Die andern Heiligen sind nicht so für den unmittelbaren Dienst der Person des Herrn bestimmt gewesen: die Apostel hatten die Gnade und den Beruf des Apostolates; Gott sandte sie zu den Menschen; sie hatten keine Mission am göttlichen Heiland selbst zu erfüllen; sie empfingen ihre Gnaden für andere; sie waren da für die Welt, um die Werkzeuge der Barmherzigkeit zu sein. Dem heiligen Joseph hingegen hat Gott seinen Platz in unmittelbarer Nähe des göttlichen Heilandes selbst angewiesen; er ganz allein unter allen Menschen hatte seine Bestimmung und sein Erbteil darin, Jesu persönlich Dienste zu leisten; er allein durfte Ihn unmittelbar bedienen und berühren; das war sein besonderer Vorzug, und mit Recht singt die Kirche von ihm: „O glücklicher Joseph, der du geschaut, berührt, getragen und umarmt hast, den die Propheten und Könige vergebens nur zu sehen gewünscht haben!" Damit seine Treue dem Maße seiner großen Gnaden entspreche, durfte der hl. Joseph nicht so sehr und zu allernächst für sich selbst die Tugend üben; er war ein guter und treuer D i e n e r; er hatte alles hingegeben und wollte nicht zu denjenigen gehören, die von ihrer Dienstzeit auch einen Tag für sich selbst in Anspruch nehmen. So liebte er die Demut nur, weil er wußte, daß Jesus sie liebte und an ihm wünschte, weil das ewige Wort, das gekommen war, um zu dienen, auch einen demütigen Diener haben wollte. Die Werke der Buße und Abtötung übte er, weil er sah, daß der menschgewordene Sohn Gottes jede Gelegenheit wahrnahm, um aus Liebe Buße zu tun und sich abzutöten. Er sah klarer als wir, sein Glaube war lebendiger, Jesus war sein Buch, worin er deutlich las. Die heilige Reinheit liebte Joseph, weil sein Dienst bei Jesus dies erforderte.

Ist es da nicht begreiflich, daß alle Tugenden des hl. Joseph sich in den Dienst Jesu stellten? Joseph selbst sollten sie nicht krönen. Er betrachtet sie als sein Dienstkleid und er dient dem fleischgewordenen Wort mit allen Tugenden, weil das Wort nur deshalb Fleisch geworden ist, um sie alle zu üben. Was folgte daraus? Daß der hl. Joseph niemals in seinem eigenen Interesse arbeitete, um glücklich und vollkommen zu sein. Sobald eine Seele dem unglücklichen Ich einen Platz einräumt, wird sie zum Mietling, sie behält gleichsam Geld für sich, das sie von dem ihrem Herrn schuldigen Tribut fortnimmt. Der hl. Josef tat alles für Jesus und er war glücklich, daß Jesus umso mehr wuchs und hervortrat, je mehr der Diener abnahm und verschwand.

Gedanke des hl. Bernardin

Betrachten wir, welch lebendiger Glaube ihn beseelte, wenn er das Jesuskind bediente und wie aufmerksam er auf alles acht hatte, was Jesus tat, wünschte und sprach. Er war stumm vor Staunen, wenn er in seinem Herzen erwog, daß der Gottessohn sein Sohn geworden sei, und daß er erwählt worden, Ihn zu nähren, zu führen und in allen Lagen seines sterblichen Lebens zu beschützen.

Anmutung: Heiliger Joseph, der du Jesu Schutz und Schirm warest, bitte für uns!

9. Tag
Der hl. Joseph, ein guter und getreuer Diener

Der Dienst der anbetungswürdigen Person des menschgewordenen Wortes, Jesus Christus, war der einzige Zweck des Lebens des hl. Joseph.

Der Adel seiner Geburt, der Ruhm seiner Vorfahren und die Gnaden und Gaben, womit ihn Gott so überreich ausgestattet, alles war ihm zum Dienste Jesu Christi gegeben worden. Er begriff das und tat wie ein guter und treuer Diener, der dem Hause Gottes vorgesetzt ist.

Niemals hat der hl. Joseph einen Gedanken gehabt, ein Wort ausgesprochen, oder ein Werk verrichtet, das nicht eine Huldigung der Liebe und zur größeren Ehre des menschgewordenen Wortes gewesen wäre.

So muß auch mein Leben beschaffen sein, wenn ich ein guter Anbeter sein will, ein wahrer Anbeter Jesu im allerheiligsten Sakramente. Aber ach, wie bin ich noch so weit entfernt von meinem Vorbild, dem hl. Joseph! Wie viele Gedanken, die meinem Endziel ganz ferne stehen! Wie viele sinnlichen oder doch allzu irdischen Neigungen beschäftigen mein Herz; wie viele Werke ohne Beziehung auf Gott und vielleicht gar noch durch die Eitelkeit und die Eigenliebe befleckt! Und doch habe ich mich Jesu in seinem göttlichen Sakrament ganz geschenkt. Seinem Dienste habe ich mich auf immer und ohne Vorbehalt geweiht. Ich habe gelobt, mich und alles was ich habe bereitwillig dem Dienste Jesu im hlst. Sakramente und der Ausbreitung seines Reiches zu widmen. Darum muß für mich alles, was sich nicht auf den Dienst der göttlichen Eucharistie bezieht, gleichgültig sein; alles was mit ihm in Widerspruch steht, muß ich als das größte Übel betrachten.

Mein Gott! ich wiederhole es aus dem Grunde meines Herzens, ich übergebe, weihe und verlobe mich bedingungslos und ohne Vorbehalt Deinem göttlichen und erhabenen Dienste!

Sei Du mein einzig Gut und mein Leben!

Gedanke des hl. Bernardin

„Der hl. Joseph diente dem fleischgewordenen Worte mit der größten Gewissenhaftigkeit. Mit welch lebendigem Glauben betrachtete er ohne Unterlaß das ewige Wort in dem kleinen Jesus; mit welchem Glauben und welcher Liebe betete er unaufhörlich seinen Gott in dem kleinen Kinde an, das er in seinen Armen hielt, das er trug und dem er in allem mit jener Ehrfurcht diente, die der Gottheit gebührte. Und während das Jesukindlein allmählich heranwuchs, mit welch heiliger Aufmerksamkeit achtete er auf alle seine Bewegungen, alle seine Gebärden, alle seine Handlungen und Worte."

Anmutung: Heiliger Joseph, vollkommenes Vorbild im Dienste der anbetungswürdigen Person Jesu Christi, bitte für uns!

10. Tag
Der heilige Joseph, ein beständiger Anbeter

Wie ist der hl. Joseph so groß vor Gott, er, der Pflegevater Jesu, der Gemahl Marias, und wie groß muß er darum auch vor den Menschen sein! Seine Mission wird so lange dauern als die Kirche und sie erstreckt sich auf alle. Wir müssen uns klar zu machen suchen, welchen Anteil wir als Anbeter von seinen Gnaden und seinem Schutze erhoffen dürfen. Wir werden erkennen, daß die Gnadenvorzüge des hl. Joseph sämtlich darauf hinzielen, aus ihm einen guten Anbeter zu machen.

Seit seinem Eintritt in diese Welt wollte Jesus, im Schoße Mariens wie später in unseren Ciborien ruhend, Maria und Joseph zu Anbetern haben, und seitdem der Engel den guten Heiligen von seiner Unruhe befreit und ihn darüber aufgeklärt hatte, was in wunderbarer Weise in Maria gewirkt worden, hörte derselbe nicht mehr auf, Jesum anzubeten. Als Jesus in Bethlehem zur Welt geboren war, beteten Maria und Joseph Ihn beständig an: Er war da vor ihren Augen öffentlich, sichtbar zur Anbetung ausgesetzt; die ganze Menschheit sollte in diesen beiden Heiligen zu den Füßen Jesu Christi repräsentiert werden: fürwahr, Adam und Eva hatten einen würdigen Ersatz gefunden.

In Nazareth arbeitete der hl. Joseph tagsüber; manchmal mußte er seiner Arbeit wegen ausgehen, darum konnte er nicht immer anbetend zu Füßen des

Gotteskindes verweilen. Aber Maria versah dann seine Stelle mit. Und wenn der Abend ihn nach Hause führte, so brachte er, ohne zu ermüden, die Nacht in stiller Bewunderung und Anbetung zu und er schätzte sich glücklich, die in Jesu verborgenen Schätze der Gottheit betrachten zu können!

Sein Auge sah mehr als das arme Gewand Jesu; sein Glaube las in Jesu heiligstem Herzen und erleuchtet von göttlichem Licht sah er alles voraus, was Jesus durchzumachen haben werde, er betete alle die einzelnen Geheimnisse seines Lebens an. Er betete den göttlichen Heiland an in seinem verborgenen Leben und in seinem Leiden und Sterben; er hat Ihn auch schon im voraus in seinem sakramentalen Leben angebetet. Hätte wohl Jesus vor dem heiligen Joseph etwas geheim halten können? Der hl. Joseph empfing alle mit den einzelnen wunderbaren Lebenszuständen des göttlichen Heilandes in Beziehung stehenden Gnaden, darum gewiß auch die Gnade der Anbetung des heiligsten Sakramentes. — Diese ist es auch, um die wir ihn besonders bitten müssen. Haben wir Vertrauen, großes Vertrauen zu ihm; ja, möge er der Patron und das Muster für unser Anbeterleben sein.

Gedanke Fabers

„Joseph betete Jesum an, wie nie ein Heiliger Ihn vor ihm angebetet hatte. Aus den Tiefen seiner so stillen Seele entstieg ein Meer der Liebe, der zärtlichsten und demütigsten Liebe. Es hat keinen Engel gegeben, der Jesus so hätte lieben können wie Joseph Ihn liebte und wie Joseph Ihn zu lieben verpflichtet war. Es hat außer der Liebe Marias keine irdische Liebe gegeben, die der ewigen Liebe nähergekommen wäre, als diese Liebe

Josephs zu dem göttlichen Kinde, jene Liebe, die mit der Liebe des ewigen Vaters eine so große Ähnlichkeit hat."

Anmutung: Heiliger Joseph, der du im Schweiße deines Angesichtes deinen Kindern das Brot des Lebens verdient hast, bitte für uns!

11. Tag
Anbetertugenden des hl. Joseph

Nach der allerseligsten Jungfrau war der hl. Joseph der erste und vollkommenste Anbeter unseres Herrn. Er betete Ihn mit einem Glauben an, größer als der aller Heiligen, mit einer Demut, tiefer als die aller Auserwählten, mit einer Reinheit, reiner als die der Engel, mit einer Liebe, wie sie keine andere Kreatur, kein Engel und kein Mensch für Jesus hatte oder haben konnte; mit einer Hinopferung, wie sie seiner großen Liebe entsprach.

Wie mußte das menschgewordene Wort durch die Anbetung Mariä und Josephs, die Es für die Gleichgültigkeit und den Undank der Geschöpfe entschädigten, verherrlicht werden!

Der hl. Joseph betete das menschgewordene Wort an in Vereinigung mit der Gottesmutter, in Vereinigung mit der Gesinnung und den Akten der Anbetung, der Liebe und des Lobes Jesu zu seinem himmlischen Vater und seiner Liebe gegen die Menschen. Der hl. Joseph betete Jesum in jedem einzelnen Geheimnis an und er behielt die Gnade, das Wesen und die Tugend dieses Geheimnisses im Auge. In der Menschwerdung betete er die Erniedrigung des Gottessohnes an, in Bethlehem seine Armut, in Nazareth sein Stillschweigen, seine

Schwäche, seinen Gehorsam und alle seine Tugenden, in denen er das Opfer der Liebe zur Verherrlichung des himmlischen Vaters so klar erkannte.

Dem heiligen Joseph war alles anbetungswürdig, was Jesus dachte und sprach; der Heilige Geist offenbarte es ihm, damit er in Vereinigung mit dem göttlichen Sohne, unserm Erlöser, den Vater im Himmel könnte verherrlichen helfen. So war das Leben des heiligen Joseph ein Leben der Anbetung Jesu und zwar der vollkommenen Anbetung. Gerne will ich mich darum mit diesem heiligen Anbeter vereinigen, damit er mich lehre, den göttlichen Heiland anzubeten und mich in seine unmittelbare Nähe führe, auf daß ich gleichsam der Joseph der Eucharistie werde, wie er der Joseph von Nazareth gewesen.

Gedanken Fabers

Die Anbetung des hl. Joseph gründete sich auf der Demut. Seine eigene Unwürdigkeit behielt er stets im Auge. Seine Demut scheint immer von der Größe der Gaben, die ihm gewährt wurden, überrascht, aber sanft und still, so daß sie durchaus nichts von Unruhe an sich trägt. Joseph ist gleichsam die verkörperte Uneigennützigkeit. Sein ganzes Leben sollte nur andern geweiht sein; er suchte nie sich selbst und die Selbstverleugnung war gleichsam sein Beruf. Er war sozusagen nur ein mit einer lebenden Seele begabtes Werkzeug, etwas Nebensächliches, ein Vorgesetzter, der es nur deshalb war, um desto besser Untergebener sein zu können.

Anmutung: Heiliger Joseph, den Jesus als seinen Vater ehrte, bitte für uns!

12. Tag
Von den Erleuchtungen, die der hl. Joseph bei der Anbetung empfing

Unser Herr und Heiland ist die Vollkommenheit selbst, Er ist vollkommen ohne Schranken und Grenzen, unendlich, weil Er ja Gott ist. Seine Vollkommenheit ist gleich einer Sonne, die unaufhörlich ihre Strahlen sendet, ohne daß die Quelle dieser Lichtstrahlen jemals erschöpft wird.

In dem Maße, wie der göttliche Heiland dem hl. Joseph seine Liebe offenbarte, wuchs auch in dessen Seele das Verlangen und die Liebe zu Jesus. Und je mehr Erleuchtung ihm zuteil wurde, desto mehr wuchs seine Liebe und umso reiner wurden seine Tugenden. Geschmückt mit den herrlichsten Tugenden und erfüllt mit der vollkommensten Liebe, trat der hl. Joseph in den Dienst Jesu. Er nahm an Erkenntnis und Liebe in dem Grade zu, als er in das Leben des Herrn eindrang; das war eine notwendige Folge. „Wenn jemand Mich liebt", sagt Jesus, „so wird Mein Vater ihn lieben und Ich werde Mich ihm offenbaren." Der hl. Joseph war von einem großen Verlangen erfüllt, immer mehr zu lieben. Seine Tugend war so mannigfaltig wie die Gesichtspunkte, von denen aus er die Liebe Gottes betrachtete: er lebte gleichsam nicht in sich selbst, sondern im Herrn, der ihn von Tag zu Tag inniger in die Geheimnisse seines Herzens einweihte.

Der heilige Joseph lebte zwar stets auch im geistigen Verkehr mit der allerseligsten Jungfrau, aber sein Verhältnis zu Jesus war doch ein ganz anderes. Die allerseligste Jungfrau achtete und ehrte ihn als ihren keuschen Bräutigam, aber ihr Leben schöpfte sie aus

Jesus selbst. So war Jesus auch für den hl. Joseph der Mittelpunkt des Lebens, Er war sein höchstes und unmittelbares Ziel.

Der hl. Joseph ist das vollkommene Muster, nach welchem wir unseren eucharistischen Dienst in lauterer Gesinnung und selbstloser Hingabe versehen sollen. Der göttliche Heiland muß das Endziel all unserer Gnaden sein, unser ganzes Leben muß nach Ihm als unserem letzten Ziele hinstreben; es muß sich ganz um Ihn als seinen Mittelpunkt bewegen. Verliert darum auch ihr nie den Dienst der anbetungswürdigen Person Jesu Christi aus den Augen; all eure Gnaden, all eure Tugenden habt ihr nur darum empfangen, damit sie euch die zu einem solchen Dienst erforderliche Fähigkeit geben und eurer Seele jene Reinheit und Schönheit verleihen, die Jesus von ihr verlangt.

Ehret also den göttlichen Heiland; aber dieser euer Dienst sei ein innerlicher, der sich um den Herrn, um seine göttliche Person bewegt; auf Ihn müßt ihr alle schauen, bei Ihm wohnen, in Ihm ruhen. Er ist Licht und Wärme; die Liebe lodert aus seinem ganzen Herzen empor wie eine verzehrende Flamme. Wer in seiner Nähe lebt und Ihn nicht sieht und seine Nähe nicht fühlt, der ist recht unglücklich.

Gedanke des hl. Bernardin

Gewiß hat auf das Herz des hl. Joseph, wenn er das göttliche Kind als Vater auf seinen Armen trug, wenn er mit Ihm redete, als es die ersten Worte zu lallen anfing, überhaupt während der ganzen Zeit, wo Jesus als Kind und Jüngling unter seinen Augen lebte, die Nähe der Gottheit einen unauslöschlichen Eindruck gemacht und ihm eine unbeschreibliche Wonne bereitet. Der Liebreiz des Gotteskindes wirkte auf die Seele des hl. Joseph durch die ganze äußere Erscheinung, durch seinen Blick, durch sein kindliches Lächeln, durch seine Worte, durch seine herzlichen Liebkosungen. Und mit welcher Zärtlichkeit erwiderte wohl der hl. Joseph die Liebeserweise des göttlichen Kindes, mit welcher Wonne hörte er das noch stammelnde Gotteskind ihn mit dem Namen „Vater" rufen. — Er drückte es zärtlich an sein Herz und die Liebe, die er zu diesem geliebten Kinde hegte, wandelte ihn ganz in dasselbe um.

Anmutung: Heiliger Joseph, der du den in deinen Armen getragen hast, den wir unter der Gestalt des Brotes in unser Herz aufnehmen, bitte für uns!

13. Tag
Zurückgezogenes Leben des hl. Joseph

Eine der größten Gnaden, die Gott einer Seele geben kann, ist die Andacht zum heiligen Joseph. Damit öffnet Er ihr gleichsam die überreichen Gnadenschätze des Erlösers; und wenn Gott eine Seele auf eine hohe Stufe der Vollkommenheit erheben will, so vereinigt Er sie mit dem hl. Joseph; Er flößt ihr eine große Verehrung zu diesem guten Heiligen ein.

Aber nur Jesus allein kann ihn uns zeigen und sein Tugendbild enthüllen. Denn wie verborgen ist sein Leben! Gott scheint absichtlich den Mantel des Schweigens, der Einsamkeit, der Zurückgezogenheit über ihn ausgebreitet zu haben, um ihn den Augen der Welt zu entziehen.

Daß der hl. Joseph während 30 Jahren den Schatz verborgen hat, den er hütete, daß er selbst nicht einmal durch ein Zeichen besonderer Ehrfurcht kundgab, wer Jesus war, das ist eine große Tugend, eine große Klugheit und eine staunenswerte Weisheit. Er hüllt sich in äußeres und inneres Schweigen; für ihn besteht die Tugend im Schweigen, im Schweigen bis zum Tode.

Er lebt in der tiefsten Einsamkeit in Nazareth; zu Bethlehem und in Ägypten erwartet ihn dieselbe Einsamkeit. — Die Liebe und das innere Leben bedingen Zurückgezogenheit. Im Besitze Jesu kümmert sich der hl. Joseph nicht um die Welt. Er ist tot für die Welt, für ihn ist dieselbe sozusagen gar nicht da. Eine Seele, die keinen Frieden in sich selbst hat, und der, obschon sie Jesum hat, noch etwas mangelt, ist sehr zu bedauern. — Wenn man uns eingeladen hätte, eine Stunde in Nazareth mit Jesus, Maria und Joseph zuzubringen, gewiß hätten wir alles liegen lassen, um auch nicht eine Minute dieser gesegneten Stunde zu verlieren; so war es auch für den hl. Joseph das größte Leid, wegen seiner Arbeit manchmal das kleine Haus, in dem Jesus wohnte, verlassen zu müssen.

Der hl. Joseph, diese stille, schweigsame Seele, war stets in Jesus und Maria gesammelt; er entfernte sich nie von dem göttlichen Mittelpunkt. Wir sind zu irdisch gesinnt, um die Andacht des hl. Joseph auch nur annähernd zu begreifen. Er lebte von der Liebe, er betrachtete den göttlichen Heiland und sah in Ihm die Richtschnur für all sein Tun, gleich wie auch Jesus ohne Unterlaß auf seinen himmlischen Vater blickte und all sein Denken, Wollen und Handeln nach dem seinigen einrichtete.

Im heiligsten Sakramente wohnt derjenige unter uns, den der hl. Joseph einst in Nazareth behütete, Jesus unser Heiland; leider sehen Ihn unsere gebrechlichen Augen nicht. Wenn wir doch mehr in das Innere eindringen wollten, dann würden wir auch mehr sehen. Der hl. Joseph ist der beste Eingang zum Herzen des göttlichen Heilandes; Jesus und Maria wollen gewissermaßen am heiligen Joseph, der sich für sie so ganz geopfert hat, ihre Schuld abtragen und sie finden ihre Freude daran, seine Wünsche zu erfüllen. Tretet darum durch ihn ein; er möge euch an seiner Hand in das Innere des Heiligtums des eucharistischen Gottes einführen.

Gedanke Fabers

Das Leben einiger Heiligen bietet uns ein Abbild der Tätigkeit Gottes nach außen, andere spiegeln seine nie wechselnde, ewig sich gleichbleibende Ruhe wieder. Muster und Vorbild der letzteren ist der hl. Joseph. Ruhe inmitten von Aufregung, Sammlung des Gemütes auch bei den beunruhigendsten Vorkommnissen, tiefer Seelenfrieden trotz einer großen Empfänglichkeit für alles, Kenntnis seiner selbst zu dem einzigen Zweck einer freiwilligen, beständigen Hingabe, pünktlicher, freudiger Gehorsam, gepaart mit der Würde des Alters und dem natürlichen Ernst des Charakters, eine unerschütterliche Sanftmut bei einer Menge drückender Sorgen und so mancher unerwartet eintretender Wechselfälle, williges Horchen auf jede Regung der Gnade, in allem den Finger Gottes sehend, mehr im Himmel als auf Erden wandelnd, stets still, bescheiden, eingezogen, einfach, ohne Vorwitz, auf Gott allein vertrauend: das sind die wunderbaren Wirkungen, welche die Gnade in der Seele des hl. Joseph hervorbrachte.

A n m u t u n g : Heiliger Joseph, der du immer in der Gegenwart Gottes wandelst, bitte für uns!

14. Tag
Stillschweigen des hl. Joseph

Der hl. Joseph war groß in der Tugend des Stillschweigens. Gott hatte ihm seine geheimnisvollen Pläne anvertraut und mit ängstlicher Treue bewahrte er diese Geheimnisse Gottes in seinem Herzen; nichts vermochte ihn zur Offenbarung derselben zu bewegen. Sein Stillschweigen war ein Ausfluß seiner Demut. Welche Ehre und Auszeichnung war es für den gerechten Joseph, den Messias zu kennen, Ihn zu besitzen, sein gesetzlicher Vater und der Gemahl der Mutter Gottes zu sein! Und doch sprach er nicht von dieser ruhmvollen Auszeichnung, er sagte nichts, was ihm Bewunderung von seiten der Menschen hätte zuziehen können.

Der hl. Joseph schwieg auch über seine Prüfungen und ertrug sie in Geduld. Trost suchte er allein bei Jesus, in dem Gedanken, daß er leide für das menschgewordene göttliche Wort.

Nach dem Beispiel des göttlichen Heilandes, der im heiligsten. Sakramente beständig schweigt, will ich treu das von der Regel vorgeschriebene Stillschweigen beobachten, auf daß ich stets bereit sei, die Befehle meines Königs zu vernehmen und sie auszuführen. Ich will von meinen Gnaden schweigen, um Jesus allein als ihrem Urheber die Ehre zu geben. Insbesondere will ich die Leiden, welche über mich kommen, mit Geduld ertragen. Ich will dann an das Stillschweigen Jesu denken, dieses Opfers der Liebe, welcher Verunehrung, Verachtung und Schmähungen erträgt, ohne sich zu beklagen, ohne die Schuldigen zu bestrafen, der vielmehr durch Wohltaten sie zu seinem Herzen zurückzuführen sucht.

Gedanke von Olier

„Als der Sohn Gottes Fleisch angenommen und in sichtbarer Gestalt unter den Menschen weilte, verkehrte Er auch in sichtbarer Weise mit seinem himmlischen Vater, der unter der Person des hl. Joseph verhüllt, sich seinen Augen zeigte. Jesus schaute im hl. Joseph die Geheimnisse seines Vaters. Er vernahm durch den Mund dieses großen Heiligen das Wort seines Vaters, dessen sichtbarer Stellvertreter der hl. Joseph war.

Der hl. Joseph war für Jesus Christus wie ein Orakel, beauftragt, Ihm den Willen seines himmlischen Vaters kund zu tun. Er war für Ihn wie eine Uhr, welche Gottes Pläne Ihm bis ins Einzelne anzeigte; er war die Gebetsstätte, vor welcher Er seine Bitten zum Vater sandte und betete: „Pater noster, Vater unser" und flehte für das Wohl der ganzen Kirche."

Anmutung: Heiliger Joseph, vollkommenes Abbild Jesu in seiner Erniedrigung in der heiligen Eucharistie, bitte für uns.

15. Tag
Glaube des hl. Joseph

Groß war der Glaube des hl. Joseph. Auf das Wort des Engels glaubte er an das Geheimnis der Menschwerdung in dem Augenblicke, als er angesichts der Mutterschaft Marias daran dachte, sie zu verlassen. Auf welch harte Probe wurde sein Glaube zu Bethlehem gestellt, als er, Obdach suchend, überall abgewiesen wurde und schließlich in einem Stalle Wohnung nehmen mußte, wo das fleischgewordene Wort das Licht der Welt erblicken sollte.

Eine neue Probe hatte sein Glaube zu bestehen, als er in die Verbannung ziehen mußte, um das göttliche Kind zu retten und später, da er in seine Vaterstadt Nazareth zurückkehren sollte, um dort unbeachtet und in größter Armut zu leben. Alle diese Prüfungen aber trugen nur dazu bei, seinen Glauben zu vervollkommnen. Er sieht an dem göttlichen Kinde nur Demut, Schwäche, Armut; sein Glaube aber durchdringt diese Hülle und bricht sich Bahn bis zur Gottheit, die unter ganz unscheinbarem Äußern sich erniedrigt in der kleinen Gestalt dieses Kindes.

Wie vollkommen muß er daher mit dem Verstande und mit dem Herzen angebetet haben, da ja die Anbetung auf dem Glauben beruht. Ahmen wir den hl. Joseph nach in seinem Glauben, wenn wir die Demut, die Verborgenheit, die Erniedrigung Jesu im heiligsten

Sakrament betrachten. Durchdringen wir die Gestalten, welche diese Sonne der Liebe unsern Blicken entziehen. Beten wir an den aus Liebe hier verborgenen Gott, lassen wir es nicht an der schuldigen Ehrfurcht gegen Ihn mangeln, wenn Er auch in geheimnisvoller Liebe verhüllt hier weilt, und es sei die schönste Huldigung unseres Glaubens, daß wir unsern Verstand und unser Herz als Opfer Ihm zu Füßen legen.

Gedanke von Bossuet

„Der stärkste Beweis für die Treue des gerechten hl. Joseph ist die Reinheit seines Glaubens. Das große Geheimnis unseres Glaubens besteht darin, an einen Gott in der Schwachheit zu glauben. — Um aber wohl zu verstehen, wie vollkommen der Glaube des hl. Joseph war, so muß bemerkt werden, daß sich die Schwäche Jesu unter einem doppelten Gesichtspunkt betrachten läßt, nämlich: die Schwäche, insofern sie gestützt ward durch eine Machtwirkung, und die Schwäche, insofern sie ganz und gar sich selbst überlassen blieb. Wenn auch durch das Leiden des Erlösers am Ende seines Lebens offenbar wurde, daß Er die menschliche Natur mit allen ihren Schwächen besitze, so erglänzte aber doch gleichzeitig seine göttliche Allmacht durch herrliche Wunder. Da seine Schwachheit diese Stütze hatte, so wundert es mich gar nicht, daß es viele gab, die Jesum in diesem Zustande anbeteten; denn aus diesen Wunderzeichen konnte man schließen, daß seine Schwachheit eine freiwillig angenommene war; der Glaube hatte darum auch nicht ein so großes Verdienst. Was aber den Zustand betrifft, in welchem der hl. Joseph den Erlöser erblickte, so begreife ich kaum seinen treuen festen Glauben; denn -

ich wage es ruhig zu sagen — nie schien der Heiland so verlassen in seiner Schwäche, selbst nicht, als Er mit Schmach und Hohn überhäuft wurde. Diese Schwäche tritt auch deshalb umso mehr hervor, weil sie als eine unfreiwillige, eine gezwungene erscheint. Und in diesem Zustand betet Ihn der hl. Joseph mit derselben Unterwerfung an, als hätte er seine größten Wunder gesehen. Er erkennt das Geheimnis dieser wunderbaren Verlassenheit; er weiß, daß die Tugend des Glaubens darin besteht, die Hoffnung ohne jedweden Grund zur Hoffnung aufrecht zu erhalten, zu hoffen wider alle Hoffnung, in spem contra spem!"

Anmutung: Heiliger Joseph, Mann des Glaubens, erbitte uns die Gnade, an die Liebe Jesu im hlst. Sakrament zu glauben.

16. Tag
Gläubige Anbetung des hl. Joseph

Während der ersten drei Monate nach der Verkündigung der Geburt Jesu war die allerseligste Jungfrau allein die Beglückte, die um den kostbaren Schatz wußte, welchen sie unter ihrem Herzen trug. Der Engel offenbarte es dem hl. Joseph und dieser glaubte auf sein Wort. Während 6 Monaten sah er Jesum nicht und doch glaubte er und betete an. Und mit welcher Inbrunst wird er angebetet haben, als er erfuhr, sein Gott wohne in diesem lebendigen Tabernakel! Mit Worten läßt es sich nicht ausdrücken, wie vollkommen seine Anbetung gewesen ist. Ein hl. Johannes jubelt auf, als Maria ihm naht; was wird dann wohl erst im hl. Joseph vorgegangen sein während dieser 6 Monate, wo er seinen Gott verborgen in seiner Nähe wußte. Der Vater des Origenes küßte nachts die Brust seines Kindes und betete den hl. Geist an, der durch die hl. Taufe in diesem lebendigen Tempel wohne. Wer wollte es bezweifeln, daß der hl. Joseph nicht oft den in Maria, dem reinsten Tabernakel verborgenen Gottmenschen angebetet habe? Wie gläubig fromm wird diese Anbetung gewesen sein: „Mein Herr und mein Gott, siehe hier den geringsten deiner Diener!" Wer kann die Gefühle dieser Seele wiedergeben? Der hl. Joseph sah nicht, er glaubte, er mußte mit dem Auge des Glaubens den jungfräulichen Schleier durchdringen, welcher den Gottmenschen verhüllte.

So muß auch unser Glaube durch die Schleier der Gestalten den göttlichen Heiland im allerheiligsten Sakramente schauen. Bitten wir darum den hl. Joseph um einen recht lebendigen und festen Glauben.

Welch gläubige Huldigung hat dann später der hl. Joseph dem Jesuskind dargebracht, als er es auf seine Arme nehmen und an sein Herz drücken durfte! — Diese Huldigungen waren dem göttlichen Heiland viel wohlgefälliger als jene, welche Er im Himmel empfängt. Stellt euch den hl. Joseph vor, wie er in diesem hilflosen Kinde, welches er auf seinen Armen trägt, seinen Gott anbetet, wie er Ihm immer wieder aufs Neue beteuert, daß er mit Freuden für Ihn sterben wolle, wie er Ihm alles aufzählt, was er gerne aus Liebe zu Ihm, zu seiner Ehre und Verherrlichung tun möchte. Die Liebe ist in einem Menschen tätig nach dem Maße seiner Heiligkeit. Je reiner, je einfältiger eine Seele ist, desto herrlicher sind die Akte der Liebe und Anbetung, zu denen sie sich emporschwingt. Betet auch ihr auf dem Altare an das ewige Wort, welches für euch ein kleines, schwaches Kind wurde. Freilich wird eure Anbetung derjenigen des hl. Joseph nicht gleichkommen; aber macht durch

Vereinigung mit ihm seine Verdienste zu den eurigen. Eine Seele, die Gott liebt, bringt Ihm aus Liebe das Opfer ihrer selbst dar; Gott erhört sie und sie hat vor Ihm mehr wert als tausend andere.

Der hl. Josef brachte dem göttlichen Heilande die Anbetung des Mitleidens dar; er schaute in seinem lebendigen Glauben den Erlöser als Opfer auf dem Kalvaria und auf dem Altare und betete Ihn an, indem er sich mit diesem hochheiligsten Opfer vereinigte. Jesus enthüllte ihm seine zukünftigen Leiden; Er mußte der Liebe des hl. Joseph diese höhere Weihe geben. Eine Liebe ohne Leiden ist die Liebe eines Kindes. Nie und nimmer vermögen wir uns zu dieser mitleidsvollen Liebe des heiligen Joseph aufzuschwingen. Vereinigt euch mit ihm, wenn ihr das hochheiligsten Opferlamm auf dem Altare anbetet; eure Anbetung soll wie die seinige auf dem Glauben ruhen und von diesem ihr Licht empfangen. Glaubet und ihr werdet sehen, denn der Glaube ist das Auge einer reinen Seele.

Gedanke von Faber

„Der hl. Joseph nahte dem neugebornen Heilande, um Ihn anzubeten, bevor er Ihm seine Befehle erteilte. Bei dieser Anbetung überfloß seine Seele ganz vor Liebe und er wäre bereit gewesen, auf dem Boden der Grotte zu den Füßen des göttlichen Kindes sein Leben hinzugeben, wie er später in den Armen Jesu seine Seele aushauchte. Doch der Zeitpunkt dazu war noch nicht gekommen. Das Jesuskind wollte ihn noch mehr heiligen. Mit Kraft und Milde in harmonischer Wechselbeziehung bekleidete Er ihn; Er führte ihn auf eine höhere Stufe der Gnade und Heiligkeit, damit er von Amts wegen der Vorgesetzte seines Gottes sein könnte. Wer vermag sich eine Vorstellung zu machen von dem, was in der Seele Jesu vor sich ging, als sein Auge zum ersten Male die Grotte betrachtete, auf deren Boden Er ruhte, als Er Maria schaute, die Er von Ewigkeit her zu seiner Mutter auserwählt hatte. Wer vermag es zu schildern, mit welcher freudigen Ehrfurcht Er dem hl. Joseph sich zuwandte? Spiegelte sich doch Marias und Josephs Bild wieder in dem kostbaren Blute, welches in seinen Adern rollte und sein Herz schlagen machte. Jesus, Maria und Joseph waren wie drei Reiche, in denen Gott als König herrschte und nur Er allein. Sie alle drei waren Geschöpfe, und Er, der Schöpfer, war eines von diesen drei Geschöpfen. Sie waren drei und doch schienen sie nur eins, eins in einer wunderbaren Einheit, in einer Einheit, die aus dreien eins macht, während sie doch drei blieben, die irdische Dreieinigkeit."

Anmutung: Heiliger Joseph, der du in das Innerste des göttlichen Herzens Jesu eingedrungen bist, bitte für uns!

17. Tag
Hingabe des hl. Joseph

Wenn die hl. Schrift den hl. Joseph „gerecht" nennt, so setzt sie damit seiner Tugend die Krone auf. Vor allem aber preist sie ihn wegen seiner einzigen Treue. Der hl. Joseph war treu: er erfüllte das ganze Gesetz. Wie der göttliche Meister es bis auf den letzten Buchstaben erfüllte, so ließ auch der hl. Joseph keinen Punkt desselben außer acht. Treu bis ins kleinste war er in der Erfüllung seiner Pflichten gegen Gott und gegen seinen Nächsten.

Der hl. Joseph besaß aber auch jene Tugend, welche guten Dienern heilig ist, nämlich die Hingebung. Frei von jeder Selbstsucht opferte er ohne Vorbehalt alle Augenblicke seines Lebens dem Dienste unseres Heilandes. Er opferte Ihm seine Ruhe, seinen Frieden, seine Arbeit. Niemals kam ihm der Gedanke in den Sinn, sich zu beklagen, oder einen Lohn zu beanspruchen. Seine Hingebung kannte eben keine Grenzen, sie war eine unbedingte. Die Selbsthingabe ist der Maßstab der Liebe, sie zeigt, ob die Liebe wirklich stark ist. Die Liebe, welche über die Selbstsucht triumphiert, kennt keine Grenzen. Das ganze Leben des hl. Joseph war ein beständiges Opferleben und er wäre glücklich gewesen, hätte er sterben können, um dem göttlichen Heiland seine Hingabe zu bezeugen. Hienieden wartete seiner keine Belohnung.

Im Dienste des heiligsten Sakramentes müssen wir, wie der hl. Joseph, hingebend und selbstlos sein, selbst bis zum Tode, wenn es notwendig ist. Niemals werden wir dem göttlichen Heiland die Opfer vergelten können, welche Er unsertwillen gebracht; würden wir auch tausend Jahre leben, wir blieben dennoch seine Schuldner. Wir müssen selbstlos sein, wie der hl. Joseph, und hienieden keinen Lohn suchen. Wir können auch keinen Lohn beanspruchen für diesen unseren Dienst.

Ist denn die Ehre, dem göttlichen Heiland zu dienen, an und für sich nicht schon ein reicher und schöner Lohn? Will denn ein Engel für seinen Dienst bei Gott bezahlt werden? Einen größeren Lohn kann es für euch hienieden nicht geben, als das Glück und die Ehre, dem anbetungswürdigen Gotte zu dienen.

Gedanke des hl. Alphons von Liguori

„Gott hat den hl. Joseph nicht allein auserwählt, um der Tröster seiner Mutter zu sein, die so viele Drangsale an diesem Orte der Verbannung zu leiden hatte; Er hat ihn nicht allein zum Nährvater Jesu bestellt, Er wollte auch, daß der hl. Joseph mitwirke bei der Erlösung der Welt, welche im Rate der allerheiligsten Dreifaltigkeit beschlossen war. Deshalb wollte Gott, daß er an seinem Sohne Vaterstelle vertrete, darum betraute Er ihn mit der Sorge, Jesum zu ernähren und gegen die Nachstellungen seiner Feinde zu schützen. „Nimm das Kind": dieser Befehl erinnert uns an die Worte des Psalmisten: „Dir habe ich die Sorge für den Armen überlassen." „Ja, o Joseph, Ich habe meinen Sohn auf die Welt gesandt, arm, demütig, Ihn nicht umgeben mit Reichtum und äußerm Glanze; die Welt verachtet Ihn und nennt Ihn den Sohn des Handwerkers, des bescheidenen Berufes wegen, den du ausübst. Ich wollte, daß du arm seiest, weil Ich dich bestimmt habe, Vaterstelle an meinem Sohne zu vertreten, der arm ist wie du. Denn Er ist nicht auf die Welt gekommen, um zu herrschen, sondern um die Menschen durch seine Leiden und seinen Tod zu retten. Er wird Verfolgung leiden und du wirst an seinem Leiden teilnehmen. Beschütze Ihn sorgfältig und sei mir treu."

Anmutung: Heiliger Joseph, du Mitarbeiter Gottes an dem großen Werke der Eucharistie, bitte für uns!

18. Tag
Demut des hl. Joseph

Wenn die Demut die Grundlage der Heiligkeit, der Maßstab der Gnaden und der Glorie ist, wie groß mußte dann nicht die Demut des hl. Joseph sein; wie gering mußte er sich in seinen eigenen Augen vorkommen, wenn er auf Jesus schaute, den er als seinen Schöpfer und Erlöser erkannte, wenn er mit Maria, der Mutter des Sohnes Gottes, verkehrte. Gleichwohl aber mußte er ihnen befehlen, er sollte ihr Haupt sein, dem sie Treue und Gehorsam schuldeten. Welches mochten erst die Gefühle seines demütigen Herzens sein, da er das fleischgewordene Wort in so tiefer Erniedrigung erblickte, da er die unbefleckte Jungfrau sich seine demütige Magd nennen hörte!

Die Demut soll auch die Haupttugend des Anbeters sein. Er betet Jesum an im heiligsten. Sakrament, wo derselbe in einem Zustande viel tieferer Verdemütigung sich uns zeigt als in Bethlehem und überhaupt in seinem Erdenleben. Er dient dem König Himmels und der Erde, der in dem Zustande völliger Vernichtung unter den hl. Gestalten zugegen ist. Wie der hl. Joseph, muß sich daher auch der Anbeter für unwürdig halten, Jesu zu dienen. Das große Vorbild in der Demut soll ihm der hl. Joseph sein, der nie hervortritt, wenn der Dienst Jesu Ehren im Gefolge hat, — soll der hl. Johannes der Täufer sein, welcher denen, die sein Lob verkünden wollen, antwortet: „Oportet illum crescere, me autem minui." „Jener muß wachsen, ich aber abnehmen und verschwinden." Jesu allein Ehre und Ruhm, mir nur Verachtung und Vergessenheit.

Gedanke von Faber

„Für den hl. Joseph war, wie für Maria, die freiwillige Erniedrigung die größte Gnade. Er war sich bewußt, der Schatten, das Abbild des ewigen Vaters zu sein und dies Bewußtsein drückte ihn nieder. Angesichts seines Amtes, dessen Erhabenheit und Würde beständig vor seiner Seele stand, suchte er in heiliger Ehrfurcht sich in die tiefsten Tiefen seines eigenen Nichts zu verbergen. Für tiefdenkende Männer ist das Amt als Vorgesetzter ein noch größerer Antrieb, sich zu verdemütigen, als wenn sie die Stelle von Untergebenen einnähmen. Die Pflicht, Jesu zu befehlen und Vorgesetzter Gottes zu sein, erhielt den heiligen Joseph sein ganzes Leben hindurch in größter Demut. Wenn sich der Priester zu seinem eigenen, größten Bedauern auch sagen muß, daß es ihm an der Tugend der Demut noch sehr fehle, so wird er doch gewiß demütig sein bei der hl. Messe, in jenem Augenblicke, wo seine Lippen die Wandlungsworte sprechen. Jahrelang hat der hl. Joseph dieses furchterregende Amt ausgeübt, welches für den Priester nur einen Augenblick dauert. Das Häuschen von Nazareth war wie das weiße Korporale, welches auf dem Altare ausgebreitet liegt. Eine Art Wandlungsworte war in gewissem Sinne das, was der hl. Joseph sprach. Er war Priester des Jesukindes. Doch hatte er nicht die Gewalt, es als Opfer darzubringen; seine Aufgabe war nur, es zu bewachen, mit Ehrfurcht zu leiten und es anzubeten. Gleich einem Diakon durfte er das kostbare Blut zwar tragen, aber nicht verwandeln; er übte vielmehr sein Priestertum dadurch aus, daß er als treuer Diener den Tabernakel bewachte, der seiner Obhut anvertraut war. All dies stand in vollkommenem Einklang mit seiner

Zurückhaltung, seiner Bescheidenheit und seiner Demut."

Anmutung: Heiliger Joseph, so demütig in Gegenwart des Gottmenschen, erlange uns die Gnade, mit großer Demut dem unter den sakramentalen Gestalten so tief sich erniedrigenden Heiland zu dienen.

19. Tag
Fest des hl. Joseph

Der ganze Monat März ist ein beständiges St. Josephsfest. Der 19. jedoch ist der „große Tag", der Tag seines Triumphes. Die anderen Tage sind die Tage seiner Tugenden, seiner Gnade. — Heute ist aber der Tag seines Triumphes, der Tag des Eintritts in das himmlische Paradies. Wir wollen uns diesem guten Heiligen weihen, alles, was wir sind und haben zu seinen Füßen legen, damit er aus uns gute Diener und gute Anbeter seines Pflegesohnes mache, dem wir uns ganz geweiht haben.

Weiheakt an den hl. Joseph

Dir, o heiliger Joseph, weihe ich mich als meinem geistigen Vater, ich erwähle dich zu meinem Lehrmeister, damit ich gleich dir ein innerliches Leben führe, verborgen mit Jesus, mit Maria und auch mit dir. Ich will vor allem dein Stillschweigen nachahmen, das du mit so großer Demut bezüglich deiner Person und selbst bezüglich deines ganz einzigen Glückes bewahrt hast. Das paßt alles so ganz für mich: ein Leben gänzlicher Entsagung und der Verborgenheit mit Jesus, indem ich meine Persönlichkeit in Vergessenheit bringe und sie verschwinden lasse in dem gemeinschaftlichen

Leben. Dir weihe ich mich als meinem Führer und Vorbild in der Erfüllung all meiner Pflichten, um sie wie du in Milde und Demut zu erfüllen, milde gegen meine Mitbrüder, milde gegen den Nächsten, gegen alle, mit welchen ich zu verkehren habe, demütig im Hinblick auf mich selbst, voll Einfalt vor Gott.

Heiliger Joseph, du sollst mein Berater, mein Vertrauter und mein Beschützer sein in all meinen Nöten und Schwierigkeiten. Ich bitte nicht um Befreiung von Kreuz und Leiden, sondern um Vernichtung der Eigenliebe, welche die Leiden wert- und verdienstlos macht. Ich erwähle dich zum Beschützer der Gesellschaft vom heiligsten Sakrament, welche die kleine Familie Jesu in der heiligen Eucharistie, seine Mutter und seine Dienerin ist. O guter hl. Joseph, sei du ihr Vater, wie du der Vater der hl. Familie warst. Sei du ihr Führer, denn auch sie besitzt Jesum, Jesum schwach im heiligsten Sakrament, wie einst in seiner Kindheit. Sei du ihr Beschützer, denn sie soll keinen menschlichen oder irdischen Schutz suchen. Sei ihr vertrauter Gefährte und wende ihr deine liebevolle Fürsorge zu. Ich bitte dich nicht um zeitliche Güter, um äußeres Wachstum der Genossenschaft, damit sie groß und stark dastehe, sondern darum bitte ich dich, daß sie ihrem göttlichen König mit Treue und Hingebung dienen möge. Meinerseits will ich dich ehren, dich lieben und dir dienen mit Maria, meiner Mutter.

Guter hl. Joseph, wie sehr wünschte ich zu sein wie du, der arme Handwerker, der unbekannte Joseph, der verachtete Zimmermann, der Gärtner des guten Meisters, welcher seinen Garten nicht verläßt, der nur dessen Pflanzen kennt, nur dessen Blumen liebt, nur von dessen Früchten lebt, der stirbt in einem Winkel seiner kleinen Hütte, aber in den Armen Jesu und Marias, dessen Grabstätte man nicht kennt, dessen sterbliche Überreste nicht verehrt werden können, der nur das Kleid seiner Demut und Armut hinterläßt.

O Jesu, gib mir den hl. Joseph zum Vater, wie Du mir Maria zur Mutter gegeben hast. Erfülle mein Herz mit einer Verehrung, einem Vertrauen, einer Liebe, wie es dem Sohne, dem Schutzbefohlenen und Anvertrauten des hl. Joseph geziemt. Ich hoffe auf Erhörung; ja, du hast mich erhört, denn ich fühle, wie meine Andacht zu dem guten hl. Joseph zugenommen hat, wie mein Herz erfüllt ist von hoffnungsvollem Vertrauen zu ihm, deinem Nährvater und meinem Adoptivvater.

Anmutung: Heiliger Joseph, erster und vollkommenster Anbeter, erlange mir, Jesum wie du zu lieben, Ihn anzubeten und Ihm zu dienen!

20. Tag
Der hl. Joseph, ein vollkommenes Vorbild der Reinheit

Der hl. Joseph ist ganz jungfräulich und rein. Er hat erworben und bewahrt diesen Schatz, den das Gold der ganzen Welt nicht aufzuwiegen vermag, und welcher der göttlichen Liebe die unumschränkte königliche Herrschaft in einer Seele sichert. Es steht geschrieben: „Wer die Reinheit liebt, wird den König zum Freunde haben." Schon vor der Geburt durch eine besondere Gnade geheiligt, weihte sich der hl. Joseph Gott durch das Gelübde der Jungfräulichkeit. Galt das auch bei den

Juden als eine Schmach, so ließ er sich dadurch keineswegs abschrecken. Er gab sein Versprechen zur Vermählung mit der allerseligsten Jungfrau nur unter der Bedingung, daß sie beide ihren kostbaren Schatz für Gott treu bewahrten. Für den hl. Joseph war die Jungfräulichkeit wesentliche Bedingung, um Diener Jesu und der Königin der Jungfrauen zu werden. Mit liebevoller Sorgfalt pflegte der heilige Joseph diese Tugend, wie ja auch ein Diener darauf bedacht ist, daß seine Kleider rein und anständig sind, wenn er sich zum Dienste seines Herrn begibt. Drei jungfräuliche Seelen also im Hause zu Nazareth, Jesus, Maria und Joseph: so angenehm ist Gott diese Blüte der Jungfräulichkeit! Nach solcher Reinheit muß auch die Seele streben, welche Jesu im allerheiligsten Sakramente dient, vor allem, wenn sie sich Ihm durch das Gelübde der Keuschheit geweiht hat. Wie dem hl. Joseph, so vertraut auch ihr der himmlische Vater die Liebe, die Gnade und die Herrlichkeit eines göttlichen Sohnes an; Jesu ist ihr ganzer Reichtum, ihr König, ihr Gott. Nur dann, wenn sie keusch und rein ist, wird sie Ihm würdig dienen. Sie muß haben: 1. die Reinheit des Geistes, muß aus reiner Absicht handeln, indem sie bei allem nur darauf bedacht ist, Jesus in der hl. Hostie immer besser zu dienen; 2. Reinheit des Herzens: Jesus sei der Zielpunkt ihrer Liebe; Ihn soll sie lieben, Ihn allein, lieben über alles; 3. Reinheit des Willens: sie soll nur das wollen, was Jesus will, was zu seiner größeren Ehre ist; 4. Reinheit des Leibes: sie soll geschmückt sein mit der Abtötung Jesu Christi.

Hl. Joseph, der du wegen deiner Reinheit verdient hast, zum Gemahl der allerreinsten Jungfrau auserwählt und Vater Jesu genannt zu werden, erlange uns eine Reinheit gleich der deinen, auf daß wir Jesu auf dem

Throne seiner Liebe würdig dienen können mit Maria, mit dir und den Engeln!

Gedanke des hl. Franz von Sales

In welchem Grade wird wohl der hl. Joseph jene Tugend besessen haben, die uns den Engeln gleichmacht? Er ward vom ewigen Vater zum Schirmer, oder besser zum Gefährten der Jungfräulichkeit Marias bestellt, da sie keines Hüters dieses ihres Schatzes bedurfte. Wie vollkommen mußte er also diese Tugend besitzen. Beide, Maria und Joseph, hatten beständige Jungfräulichkeit gelobt; dennoch will Gott, daß sie einander sich in hl. Ehe verbinden. Der Ehebund nun, den sie nach Gottes Willen miteinander eingingen, sollte keine Aufhebung dieses Gelübdes bedeuten, sondern vielmehr dasselbe bekräftigen, indem sie einander aufs neue sich das Versprechen gaben, allzeit in Jungfräulichkeit miteinander zu leben. — Wie ein mächtiges Bollwerk ist der glorreiche hl. Joseph vor die allerseligste Jungfrau hingestellt, um ihre jungfräuliche Reinheit mit dem Schleier einer heiligen Ehe schützend zu verhüllen. Er ist das unverwesliche Holz, womit die Tür des großen Königs doppelt befestigt werden muß, wie es der hl. Geist im hohen Liede ausspricht, d. h. Gott gab ihn Maria zum Gefährten in ihrer Reinheit. Darum mußte er alle Heiligen, selbst die Engel in dieser so kostbaren Tugend der Jungfräulichkeit übertreffen.

A n m u t u n g : Heiliger Joseph, Lilie der Reinheit, erlange uns das hochzeitliche Kleid, welches notwendig ist, um am Mahle des eucharistischen Lammes teilzunehmen.

21. Tag
Der hl. Josef, ein Muster des vollkommenen Gehorsams

Obgleich der hl. Joseph den Gehorsam nicht gelobte wie die Keuschheit, so ist er doch ein vorzügliches Vorbild in dieser Tugend. Sein Amt in der hl. Familie war zu befehlen; aber er war nicht nur der Vater Jesu, sondern auch gleichzeitig dessen Schüler und da er Ihn während dreißig Jahren mit solcher Einfalt und so großem Eifer gehorchen sah, liebte und übte auch er diese Tugend im höchsten Grade. Er schaute nicht, woher ihm der Befehl kam, noch wer ihm denselben erteilte, noch die Gründe, aus denen er gegeben worden, stets gehorchte er Gott und dessen Stellvertretern. — Als der Herr ihm einen Engel sandte mit dem Befehle, Maria nicht zu entlassen trotz des Geheimnisses ihrer Mutterschaft, welches ihn in Verwirrung gesetzt hatte, gehorchte er; als er nach Ägypten ziehen sollte unter Umständen, die ganz dazu angetan waren, ihn in Unruhe und Angst zu versetzen, so gehorchte er, ohne ein Wort zu sagen, ohne jede Klage. Bei der Rückkehr weiß er nicht, wo er seine Wohnung aufschlagen soll; ganz naturgemäß lenkte er seine Schritte nach Bethlehem, da ja das Kind dort geboren war und er noch nicht wußte, was Gott über ihn bestimmt hatte. Gott läßt ihn bis zur Grenze von Juda ziehen, hier gemahnt ihn eine Stimme in seinem Innern, sich nach Nazareth zu begeben. Gott hätte gewiß schon früher diesen Befehl geben können, aber warum tat Er es nicht? Wohl deshalb, weil ihm der opferfreudige Gehorsam des hl. Joseph so wohlgefällig war. Stets war dieser Gehorsam so einfältig, so demütig, so bereitwillig zu allem und legte Zeugnis ab von dem kindlich gläubigen, demütigen und liebenden Herzen unseres Heiligen. Auf alles erstreckte sich sein Gehorsam, keinen Punkt übersah er: es war eben ein allgemeiner, alles umfassender Gehorsam. Gehorsam erfüllte er alle seine Pflichten; zu allererst die Pflicht, das war seine Lebensregel. Ihr hätte er selbst das Glück geopfert, mit Maria zusammenzuleben; um dem Rufe der Pflicht Folge zu leisten, opferte er Nazareth mit seinem ruhigen, stillen Leben. Er gehorchte der Obrigkeit und allen, welche ihm zu befehlen hatten; ihre Befehle waren für ihn Befehle Gottes selbst, und er wußte, daß sie in der Leitung der menschlichen Gesellschaft Gottes Stelle vertreten. Er erfüllte alle Gesetze, welche sie erließen, er wollte für sich keinerlei Bevorzugung und Ausnahme, jedwede Gerechtigkeit wollte er erfüllen.

Also muß auch unser Gehorsam beschaffen sein, um teil zu haben an den Verdiensten des Gehorsams Jesu in der hl. Eucharistie. Der Gehorsam muß unsere Standestugend sein; gehorsam zu erfüllen jegliche Vorschrift, soll unsere Standesehre sein: zu gehorchen wie Jesus unser Meister, wie der hl. Joseph, unser Vorbild, soll unser sehnlichster Wunsch und unser höchstes Glück sein.

Erwägung des hl. Franz von Sales

Der Engel, welcher dem hl. Joseph befahl, die Mutter und das Kind zu nehmen, nach Ägypten zu fliehen und dort zu bleiben, bis er die Weisung erhalten, in sein Vaterland zurückzukehren, sprach in Wahrheit kurz und bündig und behandelte den hl. Joseph wie einen guten Ordensmann. „Gehe und komme nicht zurück, bis ich es dir sage." Aus dem, was hier zwischen dem hl. Joseph und dem Engel vorgeht, lernen wir, wie wir uns auf dem Meere der göttlichen Vorsehung einschiffen müssen, nämlich ohne Ruder, ohne Segel, ohne jeglichen Proviant, und auch die ganze Sorge für unsere Person und für einen glücklichen Ausgang unserer Angelegenheit unserem göttlichen Heilande ganz rückhaltlos überlassen und ohne Furcht in die Zukunft blicken müssen. — Hätte der arme hl. Joseph nicht einwenden können: Du heißest mich weggehen, muß das sofort sein? Du befiehlst mir, Kind und Mutter hinwegzuführen, und doch, sage mir, wo ich auf der Reise die Nahrung für sie hernehmen soll? Denn Du weißt wohl, hoher Herr, daß wir kein Geld haben. Von alledem sagt er kein Wort, sondern überläßt sich ganz der göttlichen Vorsehung, welche, mochte es zuweilen auch ein wenig knapp hergehen, ihn doch stets den bescheidenen Unterhalt finden ließ, teils durch das Handwerk, das er betrieb, teils durch Almosen, die man ihm reichte. Wer bewundert nicht die alten Einsiedler, welche die Sorge für ihre Person ganz der Vorsehung überließen und fest vertrauten, daß Gott für alles sorgen werde, dessen sie zum Lebensunterhalt bedurften! — Aber ich denke, daß es nicht bloß erfordert wird, uns in zeitlichen Dingen der göttlichen Vorsehung zu überlassen, sondern vielmehr auch in dem, was unser geistiges Leben und unsere Vollkommenheit anbetrifft. Denn die allzu große Sorge für uns selbst nimmt uns die Ruhe des Geistes und macht uns wunderlich und launenhaft. Wenn wir einen noch so kleinen Fehler begehen, so scheint uns alles schon verloren. Ist es denn so wunderbar, daß wir zuweilen fehlen? Aber gar oft fühle ich mich so trocken und ich meine daraus abnehmen zu können, daß ich nicht gut stehe zu Gott, der doch ein Gott des Trostes ist. Wie, gibt denn Gott seinen Freunden stets nur Tröstungen? Hat es jemals ein

Geschöpf gegeben, welches eine solche Reinheit besaß, so würdig war, von Gott geliebt zu werden und in einem so hohen Grade Gott wiedergeliebt hat, als Maria und Joseph? Und doch — das ist euch wohl bekannt — hatten sie nicht immer Tröstungen. Wir müssen auch ruhig bleiben in unseren Trübsalen wie der hl. Joseph und es dem göttlichen Heiland überlassen, uns davon zu befreien, wenn es Ihm gefällt.

A n m u t u n g : Heiliger Joseph, erlange uns, wie du, teilzunehmen an dem so vollkommenen Gehorsam Jesu im heiligsten Sakramente!

22. Tag
Der hl. Joseph, ein vollkommenes Vorbild der Armut

Da das Wort Gottes sich mit der armen menschlichen Natur vermählen wollte, so ist es unsertwegen arm geworden. Ihr wißt, sagt der hl. Paulus, daß Jesus Christus in seiner großen Barmherzigkeit um unsertwillen arm geworden ist, damit wir durch seine Dürftigkeit bereichert werden. Und Er hat gewollt, daß diese innige Liebe zur Armut und deren Ausübung die Standes- und Lieblingstugend der Seinigen sei. Der hl. Joseph, beehrt mit dem Titel und der Macht eines Vaters Jesu, mußte allen seinen königlichen Auszeichnungen und allen seinen erhabenen Titeln den der evangelischen Armut hinzufügen. Zu Nazareth, in diesem ersten Kloster, sind die Tugenden, welche die Ordensleute zieren sollten, zuerst gelehrt und geübt worden; die Gelübde kamen aus Nazareth. Der hl. Joseph übte dort alle evangelischen Räte, er war der Vater Jesu und zugleich auch dessen demütiger Schüler. Der hl. Joseph war arm an irdischen Gütern. Zu Bethlehem, wo seine Ahnen einst regierten, besaß er nichts, er wohnte in Nazareth, der ärmsten und verächtlichsten Stadt. Wem gehörte das arme Haus, wo das ewige Wort Fleisch wurde? Maria und Joseph? Man weiß es nicht, aber nach dem zu urteilen, was man zu Loretto sieht, war es äußerst armselig und beschränkt. Er war unbemittelt und mußte von dem Wenigen leben, was er als armer Zimmermann verdiente. Seine Kleidung war arm und grob, wie es sein Mantel beweist, der als heilige Reliquie aufbewahrt wird. Seine Kost war die der Armen, Gerstenbrot war seine tägliche Nahrung. Man möchte leicht Anstand nehmen, wenn man sieht, wie der menschgewordene Sohn Gottes von so großer Armut umgeben ist. Allein der ewige Vater kennt sie, Er will es so, Er selbst hat über den hl. Joseph diese Armut kommen lassen. Warum tat Er es? Er wollte, daß sein Sohn vom ersten Augenblicke seines Lebens an unsere unordentliche Anhänglichkeit an die irdischen Güter und deren Mißbrauch sühne. Der hl. Joseph, der infolge seiner Abstammung thronberechtigt war, ist auf das arme Handwerk eines Zimmermanns angewiesen und sein ganzes Äußeres trägt den Stempel einer so großen Dürftigkeit, daß er in Bethlehem von jedermann abgewiesen wird und sich gezwungen sieht, mit der allerärmsten und niedrigsten Wohnung, mit einem Stalle vorlieb zu nehmen. Aber der heilige Joseph besaß den Geist und die Gnade der Armut Jesu Christi und so war er glücklich, dieselbe üben zu dürfen und allen Gütern, allen Herrlichkeiten der Welt zog er sie vor.

Auf ähnliche Weise muß auch die Seele, welche Jesu in der hl. Eucharistie dient, die Armut lieben und üben, ist doch die Armut das Band der Liebe, welches die Seele mit dem heiligen Tabernakel, der anbetungswürdigen Hostie, mit dem aus Liebe zu den Menschen ganz entäußerten Jesus verbindet. Die Armut ist das ehrenvolle Feld für ein segensreiches, eucharistisches Apostolat; denn gemäß dem Evangelium sind es die Armen, die Lahmen, die Kranken und die Bettler, welche bei dem großen Gastmahle des Hausvaters erscheinen durften. Wie der hl. Joseph, so muß auch die eucharistische Seele die hl. Armut schätzen, lieben, üben, mit dem Notwendigen zufrieden sein und dadurch dem in so großer Armut in der hl. Eucharistie gegenwärtigen Gottkönig ein wohlgefälliges Opfer darbringen.

Gedanke des hl. Franz von Sales

Der hl. Joseph lebte trotz seiner hohen Stellung stets in Armut und Niedrigkeit. Auf diese Weise blieben seine Tugenden und seine hohe Würde verborgen. Gott will, daß er stets arm bleibe, und legt ihm damit eine der größten Prüfungen auf. Bereitwillig unterzieht sich ihr der hl. Joseph, und zwar nicht bloß für einige Zeit, sondern sein Leben lang. Die freiwillige Armut, welche die Ordensleute geloben, hat etwas Angenehmes, da sie die Annahme und den Gebrauch der notwendigen Dinge gestattet und nur das Überflüssige verbietet. Die Armut des hl. Joseph, des göttlichen Heilandes und der seligsten Jungfrau aber war nicht derart, denn wenn sie auch eine freiwillige war und der heilige Joseph sie liebte, so blieb sie doch immerhin eine höchst drückende Armut, die ihn in den Augen anderer herabsetzte. Jedermann hielt diesen großen Heiligen für einen armen Zimmermann, der bei all seiner Armut ohne Zweifel oft am Notwendigsten Mangel litt, mochte er sich auch in unvergleichlicher Liebe abmühen, um den Unterhalt für seine kleine Familie zu beschaffen. Wie lange dieser Zustand der Armut und Erniedrigung dauern könnte, das stellte er ganz demütig dem Willen Gottes anheim und ließ sich nicht erschrecken und besiegen von dem Feinde im Innern, der gewiß manchen Angriff auf ihn machte.

Anmutung: Heiliger Joseph, beauftragt, die Armut des Jesuskindes zu lindern, steuere auch der noch größern Armut Jesu in der heiligen Eucharistie!

23. Tag
Der hl. Joseph, ein ganz vollkommener Vorgesetzter

Als Haupt der hl. Familie erhielt der hl. Joseph alle Befehle von oben und war mit ihrer Ausführung betraut. Die himmlischen Boten wenden sich weder an Jesus noch an Maria, sondern an Joseph; er muß die Befehle wiederholen, sie den Seinigen mitteilen und von Jesu und Maria Gehorsam verlangen. Steigen etwa stolze Gedanken in der Seele des hl. Joseph auf, angesichts dieser Gewalt? Blickt er vielleicht auf sich selbst? O nein, denn wenn eine Seele von Gott reich begnadigt wird, so fühlt sie sich gleichsam erdrückt von seiner Herrlichkeit und das ist für sie ein Grund, sich noch mehr zu verdemütigen.

Eine schöne Lehre können wir ziehen aus der Erhebung des hl. Joseph. Er war das Haupt, der Obere der ersten klösterlichen Gemeinschaft; Bethlehem, Nazareth waren das erste Kloster; Jesus, Maria und Joseph dienen als Vorbild jeglichem religiösen Orden, der sich ganz dem Dienste Gottes weiht. Aber nun staunet: der Obere dieses hl. Hauses ist der Geringste von allen an Gnade, an Heiligkeit und an Verdiensten. Verglichen mit Jesus, dem Sohne Góttes, dem Abglanz des Vaters, verschwindet der hl. Joseph in seinem Nichts; neben Maria ist er nur ein matter Stern, der vor dieser Sonne der Gnaden und Heiligkeit erbleicht. Und gleichwohl ist er es, er, der Geringste von allen in jeder Beziehung, dem es zustand, Befehle zu geben. Seinem demütigen Herzen bereitete es nicht geringe Pein und er mußte sich schier Gewalt antun, wenn er Befehle zu erteilen hatte Jesu, seinem König, und Maria, seiner Königin. „O ich Armer, Bedauernswerter, der ich befehlen muß meinem höchsten Herrn und meiner großen Herrin!" Trotzdem tat er es gern, weil Gott es also wollte. —

Werden wir so töricht sein, uns darauf etwas einzubilden, daß wir über andern stehen? Sich erheben wollen, weil man Oberer ist, das verrät wenig Geist. Die Letzten werden die Ersten sein.

Als Gott in der hl. Schrift das goldene Zeitalter des Christentums ankündigte, da sagte Er: „Ein Kind wird ihr Herrscher und Führer sein." Das sollen sich alle jene recht merken, welche andern zu befehlen haben, um sich in der rechten Demut zu erhalten; Gott offenbart dadurch seine Macht und Barmherzigkeit! Mögen aber auch die Untergebenen in ihrem Obern weniger seine persönlichen Eigenschaften, als seine Aufgabe ins Auge fassen: es kommt nicht darauf an, was er an sich ist, sondern was er durch Jesus ist, der durch ihn spricht; schaut nicht auf seine persönliche Heiligkeit, sondern seht in ihm den göttlichen Heiland.

Erwägung des hl. Franz von Sales

„Wer möchte bezweifeln, daß Maria höher stand als Joseph und ihn an Einsicht übertraf, und so mehr befähigt war, dem Hause vorzustehen, als ihr Gemahl? Trotzdem wandte sich der Engel nicht an sie, um ihr zu sagen, was zu tun sei. Kommt es uns, menschlich gesprochen, nicht als große Unbescheidenheit vor, daß der Engel sich nicht an Maria wendet, sondern an Joseph? Hätte sie nicht Grund gehabt, dieses Verfahren und diese Behandlungsweise übel zu nehmen? Zweifelsohne hätte sie ihrem Gemahl sagen dürfen: „Warum nach Ägypten ziehen, weder mein Sohn hat mich geheißen, noch der Engel mir davon gesprochen?" Maria aber schweigt zu allem; sie nimmt es nicht übel, daß der Engel sich an Joseph wendet, sie gehorcht vielmehr in Einfalt des Herzens, da sie weiß, daß Gott es so angeordnet hat; also verfährt Gott mit den Menschen, um sie zu lehren, sich aufrichtig zu unterwerfen."

Anmutung: Heiliger Joseph, erlange uns, daß wir unsere Untergebenen so behandeln, wie du Jesus behandelt hast.

24. Tag
Die sieben Schmerzen des hl. Joseph

Wie der hl. Joseph Anteil hatte an den glorreichen Vorzügen der seligsten Jungfrau Maria, so fühlte er auch das siebenfache Schwert der Schmerzen, welches ihr Herz durchbohrte. Diese sieben besonders hervortretenden Schmerzen sind die Stationen des Kreuzweges, den er mit Jesus gehen sollte. Nie war sein Herz ohne Leid; zu gewisser Zeit aber nahm sein

Martyrium an Heftigkeit zu; es schien dann, als ob alle seine Leiden mit erneuter Wucht an seiner Seele vorüberzögen.

1. Sein erster großer Schmerz war das grenzenlose Leid, das er bei der Mutterschaft Marias empfand; er gedachte schon, sie zu verlassen, ohne ihr etwas zu sagen. Was wird aber aus Maria, die noch in jugendlichem Alter steht; wer wird sich ihrer annehmen? Andererseits verpflichtet mich die Ehrfurcht vor dem Gesetz zur Trennung. Welch furchtbare Herzensangst mußte dies dem hl. Joseph bereiten, der ja so gut, so liebevoll, so opferwillig war und Maria mehr liebte, als man es erfassen kann.

2. Als er in Bethlehem verstoßen, genötigt war, in einem Stalle Obdach zu suchen, wollte ihm fast das Herz brechen; seinetwegen aber empfindet er nicht das Leid, sondern der so jugendlichen Mutter, der Königin der Engel, des göttlichen Kindes wegen. Den größten Schmerz bereitet ihm die Unbill, die ihnen widerfährt, die Entbehrungen, welchen die ihm so teuren Personen in dem elenden Stalle ausgesetzt sein mußten. Zudem wußte er nicht, wie viele Tage und Nächte der Aufenthalt in diesem verlassenen Winkel dauern werde. Diese Ungewißheit vermehrte sein Leiden.

3. Die Beschneidung Jesu. — Wie mußte der hl. Joseph tief ergriffen sein bei dem Gedanken, daß er selbst dem göttlichen Kinde Leid zufügen, seine ersten Blutstropfen vergießen sollte. Welche Qual für sein Herz der Anblick dieser Wunde, dieses fließenden Blutes, der Tränen und Schmerzen der himmlischen Mutter!

4. Die Weissagung des greisen Simeon. — Ein Schmerz soll Marias Herz durchbohren. Bei diesen Worten wird ihm klar der ganze Sinn der Weissagung des Propheten Isaias bezüglich der Leiden und Demütigungen des Messias; von diesem Augenblicke an nimmt er fühlbaren Anteil an den Schmerzen Jesu und Marias.

5. Die plötzliche Flucht nach Ägypten. — Wer vermag sich seine Angst und seinen Schrecken vorzustellen? Gott ließ das Herz des hl. Joseph in Angst und Schrecken geraten, auf daß er sich seiner Vorsehung überlasse. In fremdem Lande, auf öden, unbekannten Wegen, wie furchtbar leidet da sein armes Herz. Wie sehr fürchtet er nicht, es möchte den Seinigen ein Unglück zustoßen; hat er doch ein Vaterherz, und zwar ein überaus zartfühlendes. Ihm, einem armen Manne, hat der himmlische Vater ein so großes Gut anvertraut, er allein soll es schützen gegen die Feinde, die jeden Augenblick ihm nachstellen können.

6. Neues Leid erwartet den hl. Joseph bei seiner Rückkehr aus Ägypten. Aus Furcht vor Archelaus mußte er sich mit dem Jesuskind noch verborgen halten. Keine Ruhe, keinen Frieden gibt es für ihn. Ist eine Gefahr vorüber, so kommt wieder eine andere.

7. Er verliert Jesus im Tempel zu Jerusalem. – Sein Schmerz war so groß, seine Tränen so bitter, daß der hl. Geist durch den Mund Marias uns daran erinnert: „Dein Vater und ich haben dich mit Schmerzen gesucht." Er litt umso mehr, da er sich in seiner Demut schuldig glaubte, den ihm vom ewigen Vater im Himmel anvertrauten Schatz nicht sorgsam genug gehütet zu haben.

Dies sind die Schmerzen Josephs. Er ertrug sie schweigend, in Demut und Liebe. Trost von Seiten der Menschen fehlte ihm, aber er verlangte auch nicht darnach. Er litt ja nicht um seinetwillen, sondern für Jesu und Maria, für die Welt und für uns. O welch kostbare Leiden, die ihn mit dem Heilande vereinigten und ihn an der Erlösung der Welt teilnehmen ließen!

Erwägung von Olier

Der hl. Joseph, der Patron der Priester. — Gott entfaltet seine fruchtbare Tätigkeit besonders durch die Priester. Sie müssen den hl. Joseph nachahmen bezüglich der Seelen, welche sie für Gott erziehen sollen. Dieser große Heilige führte und leitete das Kind Jesu ganz im Geiste des himmlischen Vaters, in seiner Milde, seiner Weisheit und Klugheit. Ganz so müssen wir es halten mit den Gliedern Jesu Christi, die unserer Obhut anvertraut werden; sind sie doch andere Christus. Seien wir ihre Vorgesetzten als Stellvertreter Gottes, aber ihre Untergebenen für unsere Person, gleich dem hl. Joseph, der sich unendlich tief unter Jesu stehen sah, obgleich er ihn leitete und über Ihn gesetzt war als Stellvertreter des ewigen Vaters. Auch haben wir den hl. Joseph als Patron des Seminars erwählt, weil der Herr diesen Heiligen im Himmel besonders mit der Sorge für die Priester betraut hat, wie Er es mich erkennen ließ. Auch die seligste Jungfrau gab mir den hl. Joseph zum Beschützer mit der Versicherung, daß er Patron jener Seelen sei, die ein zurückgezogenes Leben führen. Sie ließ mich diese Worte vernehmen: „Ich habe nichts Teureres im Himmel und auf Erden nach meinem Sohne." — Als ich einst die hl. Kommunion einem Kranken bringen mußte, wiederholte ich innerlich die

Worte: „Dux justi fuisti — Du bist der Führer des Gerechten." Ich erinnerte mich dabei an den hl. Joseph, welcher der Führer des göttlichen Heilandes war und ich wünschte Jesum mit jenen Gefühlen zu tragen wie er es in seinem Leben tat.

Anmutung: Heiliger Joseph, erlange uns die Gnade, den göttlichen Heiland gleich dir voll Ehrfurcht und Liebe zu behandeln.

25. Tag
Das Mitleiden des hl. Joseph

Seitdem der greise Simeon die zukünftigen Leiden des Erlösers geoffenbart hatte, hatte der hl. Joseph sein ganzes Leben lang dieselben stets vor Augen.

Er sah sie geschildert in den heiligen Schriften. Jesus sprach beständig mit ihm darüber. Er liebte seinen Nährvater allzusehr, als daß Er ihm die Gnade hätte versagen können, seine Leiden mitzufühlen. Er wollte ihn zum voraus an den Verdiensten derselben teilnehmen lassen. Von jetzt an war Kalvaria in das Herz des heiligen Joseph versetzt, das Kreuz aufgerichtet.

Aber warum versetzte der liebe Gott den hl. Joseph schon so bald auf den Kalvarienberg, warum ließ er ihn nicht länger das Glück genießen, welches er empfand, wenn er das Kind Jesu auf den Armen trug und an sein Herz drückte? Kaum 40 Tage der Freude und alsbald Kalvaria, Leiden! — Es drängte den göttlichen Heiland, seinem Nährvater die Gnade des Kreuzes mitzuteilen.

Während 30 Jahren soll der arme hl. Joseph beständig den göttlichen Heiland am Kreuze sehen; Jesus und Maria sprachen immer davon; wie mußten diese Gespräche den Augen des hl. Joseph bittere Tränen entlocken! Mehr erleuchtet vom göttlichen Lichte als die Apostel, erkannte er, wie wertvoll das Kreuz und wie notwendig Jesu Leiden seien. Die Apostel wollten den göttlichen Heiland nicht von seinem Kreuze reden hören; der heilige Joseph dagegen hörte Ihn mit schmerzerfüllter Liebe an.

Gewiß hat der göttliche Heiland dem hl. Joseph alle Begebnisse, alle Schmerzen seines furchtbaren Leidens geoffenbart, um ihn ja mit sich recht innig zu vereinigen, und ihm Anteil an dem Verdienste seines ganzen Leidens mitzuteilen. Zweifelsohne hat Er ihm gesagt, wie Er von einem seiner Apostel, einem seiner Freunde verraten würde. Und da alle Apostel aus Galiläa waren, so konnte Jesus dem hl. Joseph den Verräter Judas und den hl. Petrus, welcher Ihn dreimal verleugnete, zeigen. Und als Jesus auf das Oster- und Laubhüttenfest nach Jerusalem ging, so zeigte Er seinem Vater den Ort der Kreuzigung und den Ölgarten, in welchem Er in dreistündiger Todesangst Blut schwitzen würde. Weinend und kniefällig wird Joseph den göttlichen Heiland gebeten haben: Laß mich an Deiner statt leiden und sterben! Die künftigen Schmerzen Jesu waren auch seine Schmerzen. Ohne Zweifel hat Jesus ihm in dem Palaste des Pilatus jenen Balkon gezeigt, wo Er zum Spott für das ganze Volk einst stehen wollte, sowie auch den Palast, wo Herodes Ihn verhöhnen werde.

Der göttliche Heiland betete auf den Knien seinen himmlischen Vater an all jenen Orten an, wo Er sein Blut vergießen wollte. Diese Orte sind Ihm so teuer, nach ihnen sucht er im Übermaß seiner Liebe. Joseph und Maria vereinigen sich mit Ihm und erdulden in ihren Herzen seine Leiden im Voraus. — Der hl. Joseph sah die Tränen und Schmerzen Marias voraus. Er wäre gerne zugegen gewesen und wird gewiß den göttlichen Heiland gebeten haben, hienieden bleiben zu können, um Ihm nach Kalvaria zu folgen und der Tröster Marias zu sein. Armer hl. Joseph! Er muß sterben und Jesus und Maria zurücklassen: Jesum, der von seinem Volke verstoßen und gekreuzigt werden, und Maria, die ohne Trost und ohne Stütze zurückbleiben sollte. Wie mußte seine Liebe zu Jesus und Maria ihn zu einem wahren Martyrer machen!

All dies leuchtet uns sehr ein. Es war billig, daß der hl. Joseph der Gnade, zu leiden nicht entbehren mußte, die doch alle Heiligen hatten; er sollte sie in höherem Maße besitzen als die übrigen Auserwählten, da der göttliche Heiland ihn nach Maria am meisten liebte; das war Jesus seiner Liebe zum hl. Joseph schuldig. Nehmet Anteil an den Schmerzen des hl. Joseph, ruft euch sein Leiden ins Gedächtnis; es dauerte 30 Jahre lang. Der göttliche Heiland konnte dem hl. Joseph nicht mehr geben als seine Liebe und zwar seine gekreuzigte Liebe. Er hat ihn mit derselben ganz erfüllt.

Erwägung von Faber

Seit der ersten Furcht, welche der hl. Joseph wegen Maria ausstehen mußte, bis zum Tage, wo er sein müdes Haupt zum Sterben in den Schoß seines göttlichen Sohnes niederlegte, war sein Leben ein beständiges Leiden, eine angstvolle Qual. Im Hinblick auf Jesus und Maria muß ihn seine große Armut oft schwer gedrückt haben. Die harte Behandlung von seiten der Bewohner Bethlehems war nur ein Vorbote dessen, was ihm bei den Götzendienern Ägyptens begegnen sollte.

Die Flucht, die Rückkehr, die Befürchtungen, welche ihm nicht gestatteten, in der hl. Stadt zu wohnen und die rohe, so traurig berühmte Ungastlichkeit der Nazarener, dies alles waren für den hl. Joseph ebenso viele Kalvarienberge. Sein Tod war in Wahrheit der Tod eines Martyrers. Die Liebe zum göttlichen Kinde hatte seine Kräfte aufgerieben. Aus Liebe ist er gestorben. Er ist ein Martyrer der Liebe.

Anmutung: Heiliger Joseph, erlange uns, mit Jesus ein Opfer zu sein!

26. Tag
Der hl. Joseph leidet ohne Trost

Zeigen wir Mitleid mit dem duldenden heiligen Joseph. Betrachten wir gerne seine Schmerzen, verkünden wir den Ruhm seines Martyriums, denken doch so wenige daran. Ach, welche Schmerzen hat er überstanden! Sein ganzes Leben war ein beständiges Martyrium. Vieles, was der hl. Joseph in seinem verborgenen Leben gelitten hat, ist sicher nicht bekannt geworden. Denn, wenn er so groß ist in den Augen Gottes, so ist er sicherlich auch der Kleinste, der Geringste mit Jesus geworden in seinem verborgenen Leben.

Der hl. Joseph litt ohne Ruhm, ohne Freunde, dies ist seine Eigentümlichkeit. Und wenn er auch Freunde hätte haben können, so mußte er doch — denn so wollte es Gott — sich von ihnen trennen, wie wir es bei den Hirten sehen, die eines Sinnes mit ihm waren; sie kehrten zu ihren Herden zurück und wenn sie auch wieder kamen, so mußte der hl. Joseph sie doch bald wieder verlassen, um nach Ägypten zu fliehen, wo er keinen Freund hatte. Der liebe Gott hat Mittel und Wege, um seine Diener, seine Heiligen in die Leidensschule zu nehmen.

Der hl. Joseph mußte also ohne Ruhm, ohne Freunde, ohne Trost leiden; niemand wußte von seinen Leiden; er konnte sie niemandem offenbaren. Gott verpflichtete ihn zu diesem Stillschweigen. Seine einzigen Freunde waren und konnten überhaupt nicht außerhalb der hl. Familie sein. — Fand er denn nun bei Maria und Jesus keinen Trost? Ihre Gespräche, ihre Unterhaltungen mit dem hl. Joseph drehten sich um das zukünftige Leiden. Aus Liebe zu seinem Pflegevater wollte der göttliche Heiland das Leiden nicht von ihm nehmen, um ihm so immer mehr sein Bild, das Bild des Gekreuzigten einzuprägen. Darum wollte Er ihn nicht trösten, sondern ihn vielmehr wegen Seiner Leiden leiden lassen. Was Maria betrifft, so hatte sie ebensoviel und noch mehr zu leiden, als ihr heiliger Gemahl. — Den Leuten draußen in der Welt waren seine innern Leiden unbekannt und so konnte man ihn nicht einmal bedauern. Er schien nur jene Beschwerden und Widerwärtigkeiten zu erdulden, welche sein Stand notwendig mit sich brachte. So sagte man von ihm in Bethlehem: „Er ist ein Bettler, ein Mann von niederm Stande." Ja, hätte er den Leuten antworten können: „O, wenn ihr wüßtet, was das für eine hochbegnadigte Frau ist, die ihr an meiner Seite sehet, wenn ihr ahntet, welch' ein Schatz ihr anvertraut wurde!" Findet man im Leiden Freunde, vor denen man sein schmerzerfülltes Herz ausschütten kann, so ist das ein großer Trost; aber so leiden, daß nur Gott es weiß, nur Ihm allein sein Leid klagen und keinen andern Trost wollen, als in allem seinen heiligsten Willen zu erfüllen, das zeugt von heldenmütiger Tugend und Heiligkeit. Nur die reinste, lauterste Liebe zu Gott vermochte den hl. Joseph zu einem so hohen Grade dieser erhabenen Tugend zu führen.

Erwägung von Olier

Der hl. Joseph versinnbildet uns das zartfühlende Mitleid, welches der ewige Vater mit den Schwächen und Armseligkeiten der Menschen hat. Den hl. Joseph hat Er auserwählt, um durch ihn das Bild seiner Vaterschaft zum Ausdruck zu bringen. Dadurch bekundet Er sein Mitleid mit den Leiden der Menschen. In ihm hat Er sich gleichsam mit unserer Natur umkleidet, um als Vater unsere Leiden mitzufühlen. In ihm ist er der Vater der Erbarmungen geworden, weswegen der hl. Paulus nach den Worten: „Gott sei gepriesen" hinzufügt: „Der Vater Jesu Christi, der Vater der Barmherzigkeit", d.h. indem Er im hl. Joseph der Vater Jesu Christi geworden ist, wurde Er Vater der Barmherzigkeit, während Er vorher als Gott in der Strenge seiner Gerechtigkeit erschien.

Anmutung: Heiliger Joseph, erlange uns, gleich dir teil zu haben am Opfergeiste Jesu im heiligsten Sakramente.

27. Tag
Der hl. Joseph, ein Martyrer der Liebe

Mit Recht kann man den hl. Joseph einen Martyrer des verborgenen Lebens nennen. Niemand hat so viel gelitten als er. Aber warum diese vielen Leiden? Der Grund ist der: Je heiliger jemand ist, desto mehr muß er aus Liebe zu Gott und für seine Ehre leiden. Durch das

Leiden wird die Seele zur Pflanzschule der göttlichen Gnade; die Liebe Gottes feiert in ihr ihren Triumph. Da der hl. Joseph nach der seligsten Jungfrau der größte Heilige ist, so hat er mehr gelitten als alle Martyrer. Der Grund seiner Leiden war seine überaus große und zärtliche Liebe zum göttlichen Heilande und seine Verehrung für die seligste Jungfrau. Jeder Auserwählte muß den Kreuzweg gehen; man kommt nicht zum Herzen Jesu, ohne vorerst durch die Wunden seiner Hände und Füße zu gehen. Es handelt sich hierbei nicht so sehr um eine Übung der Buße, als um einen Beweis der Liebe zu Gott. Die Buße trägt nur Schulden ab; die Liebe geht aber weiter: sie kreuzigt sich mit Jesus und um seiner Liebe willen; denn je mehr man liebt, desto mehr leidet man. Kalvaria dauerte für den hl. Joseph 30 Jahre lang ohne jede Unterbrechung; das Kreuz war in seinem Herzen aufgepflanzt und er trug es beständig, besonders von dem Tage an, an welchem er zur Vaterwürde des Erlösers berufen worden. Ganz ohne Freuden war er zwar nicht, aber er hielt sich bei ihnen nicht auf, und sie waren auch nur von kurzer Dauer, da sein Herz nach Leiden lechzte. Diese waren seine Wonne, denn er wußte wohl, daß die wahre Liebe die gekreuzigte Liebe ist. Erst in der Ewigkeit werden wir erkennen, was alles der hl. Joseph gelitten hat.

Aus dem, was sich jetzt schon dem betrachtenden Auge unseres Geistes darstellt, vermögen wir zu ermessen, wie reich seine Verdienste und wie groß seine Liebe gewesen sein müssen. Denn wäget die Opfer der Heiligen und ihr werdet den Grad ihrer Liebe erkennen; die Freude, die Tröstungen sind nicht die Liebe, sondern Belohnungen.

Erwägung von Isidor de l'Isle

Es gibt Heilige im Himmel, die mit der Martyrerkrone geschmückt sind, obgleich sie nicht durch das Schwert des Verfolgers gefallen sind. Ohne Zweifel gehört auch der hl. Joseph zu diesen; denn der Glorienschein ist nichts anderes, als die jedem Heiligen eigentümliche Freude, die eine Belohnung für seine Arbeiten, seine Siegeskrone ist. Betrachten wir die großen Siege, welche der hl. Joseph davontrug. Der erste war der Sieg über sich selbst, als er hochherzig die Verbannung und unzählige Leiden auf sich nahm, um den menschgewordenen Sohn Gottes dem Tode zu entreißen, womit Ihn der Tyrann bedrohte. Der zweite Sieg war der Sieg über Satan. Der dritte Sieg war jener über die Wüteriche, die Christum verfolgten und ihn mit dem Schwerte umbringen wollten; denn es unterliegt keinem Zweifel, daß der hl. Joseph, um diesen Sieg zu erringen, freudig für Jesus sein eigenes Leben auf das Spiel setzte. Die Martyrerpalme hat er darum wohl verdient. Es gibt auch Martyrer dem Verlangen nach. Der Liebe ist es eigen, nach dem Martyrium zu streben. Der hl. Joseph war so überaus begnadigt; seine Liebe war so rein und groß. Darum verlangte er für Jesus zu leiden und zu sterben, und es gibt keinen Heiligen, der mehr den Namen und die Ehrenkrone eines Martyrers verdient als der hl. Joseph.

28. Tag
Der hl. Joseph, Haupt der hl. Familie

Der hl. Joseph ist der Vater Jesu, sein gesetzlicher Vater, sein Nähr- und Pflegevater. Als Vater trägt der hl. Joseph Jesum auf den Armen, verschafft er Ihm seinen

Unterhalt, beschützt er Ihn in Lebensgefahr. Die Mutter Jesu ernährt er, ist ihre Stütze und ihr Schutz.

Mit welcher Demut befiehlt er seinem Schöpfer und Heiland. Er tut es, weil der himmlische Vater es also will. — Wie demütig spricht er zur seligsten Jungfrau, die ja als Mutter Gottes seine Herrin ist. Das Beispiel des hl. Joseph gibt mir wichtige Winke für mein Verhalten; ich muß die Priester achten, wie der hl. Joseph den göttlichen Heiland achtete, meine Brüder wie andere Christus. Wie Jesus muß ich den hl. Joseph als meinen Vater ehren. Der göttliche Heiland hat ihn Vater genannt, seine Gebote befolgt, als Vater ihn geehrt, geliebt und ihm gedient. So soll auch ich tun. Der hl. Joseph ist mein Lehrmeister, mein Vorbild. Ich muß mich seines Wandels, seiner Tugenden, seines Geistes befleißen, da mein Beruf dem seinen so ähnlich ist.

Was war es für ein Geist, in welchem der hl. Joseph Jesu und Maria diente? Es war der Geist der Liebe, denn er wußte um die Gottheit Jesu und die Erhabenheit Marias. Seine Seele, so herrlicher Gnaden und großer Erleuchtungen gewürdigt, konnte dem himmlischen Vater nicht genug danken, daß Er ihn zum Zeugen so großer und heiliger Geheimnisse gemacht. Er demütigt sich angesichts seiner Unwürdigkeit. Mit Freuden und ohne Rückhalt ist er bereit, in allem den Willen Gottes zu erfüllen, trotz so vieler Opfer fühlte er sich glücklich, Jesu und Maria dienen zu können.

Wohlan, meine Seele, siehe da dein Vorbild! Du nimmst Anteil an den Würden des heiligen Patriarchen; nimm auch Anteil an seiner Demut, denn du bist nicht gerecht und vollkommen wie er. — Diene Jesu in deinen Brüdern in Christo mit der Hingabe des hl. Joseph. Der hl. Joseph wird mein Beschützer sein. Ich bin sein armes und schwaches Kind. Weil ich seinen Dienst bei Jesus auf Erden fortsetze, so wird er mir helfen, selbigen gleich ihm und mit ihm zu verrichten.

Der hl. Joseph sei der Vater der Gesellschaft vom heiligsten Sakrament, er sei das Haupt der eucharistischen Familie und das Vorbild eines jeden Anbeters, der Jesu gefallen und ein Diener nach seinem Herzen sein will.

Erwägung des hl. Bernardin

Gott hat in seiner Kirche den hl. Joseph mit einer ganz besonderen Mission betraut. Betrachtet nur, in welchem Verhältnisse dieser heilige Patriarch zur ganzen Kirche steht! Ist er nicht ein auserwählter Mann, dessen besondere Aufgabe es war, den Eintritt des Erlösers in diese Welt zu einem gesetzmäßigen und ehrenvollen vor der Welt zu machen? Wie darum die Kirche der jungfräulichen Mutter Maria Dank schuldet, daß sie uns Jesum geschenkt hat, so ist sie nach Maria dem hl. Joseph gegenüber am meisten zu dankbarer Verehrung verpflichtet. Denn er ist der Schlüssel des alten Testamentes; in ihm haben die Patriarchen und Propheten die Frucht der Verheißung geerntet. Von ihnen war der hl. Joseph der einzige, der den verheißenen Erlöser mit eigenen Augen gesehen hat und sein eigen nennen durfte. Man kann deshalb mit Recht sagen, daß der ägyptische Joseph, welcher für das Volk Getreide aufspeicherte, nur Vorbild des hl. Joseph war. Doch weit übertrifft letzterer sein Vorbild. Der Patriarch des alten Bundes gab den Ägyptiern nur das Brot des Leibes; der hl. Joseph aber ernährt und erhält für die ganze Schar der Auserwählten mit der zärtlichen

Sorgfalt denjenigen, welcher das Himmelsbrot ist und himmlisches Leben spendet.

A n m u t u n g : Laß nicht zu, hl. Joseph, daß uns je das Lebensbrot entzogen werde!

29. Tag
Das Leben des hl. Joseph in der hl. Familie

Auf Jesus allein zielt alle Liebe von Maria und Joseph. „Wo ein Leib ist, da versammeln sich die Adler", „wo euer Schatz ist, da ist auch euer Herz." Alles in der hl. Familie drehte sich um Jesus, als um das Zentrum. Sie hing weder an Bethlehem, noch an Nazareth, noch an Ägypten. Jesus war das Haus ihres Herzens. Wie eilig und froh kehrte der hl. Joseph ins Haus zurück, wo das göttliche Kind wohnte. Er würde jeden Augenblick, den er ohne Not fern von Jesus zugebracht hätte, für verloren gehalten haben. Jesus war ja die fleischgewordene göttliche Liebe!

So ist auch mein Haus, meine Familie, mein Mittelpunkt Jesus im heiligsten Sakrament. Ich muß Ihm Joseph sein, nur bei Ihm muß ich mich wohl fühlen. Joseph und Maria lebten und arbeiteten nur für Jesus. Welche Freude war es für Joseph, für das göttliche Kind und seine Mutter das tägliche Brot verdienen zu können. Wie glücklich schätzte er sich, wenn er seinen geringen Arbeitslohn zu ihrem Unterhalte verwenden konnte. Wie süß wurde ihm die Mühe, die er zu ertragen hatte, da alles für Jesus geschah!

Also soll Jesus auch mein Lebensziel sein, da ich Ihm ja ein Joseph bin in seinem sakramentalen Zustande. Das heiligste Sakrament sei das Gesetz, die

Freude und das Glück meines Lebens. Gibt es etwas Schöneres, als sein Leben im Dienste des allerheiligsten Sakramentes zuzubringen? Jesus war es, der Maria und Joseph in Liebe einte; der hl. Joseph schätzte sich hinwiederum glücklich, Jesum zu schauen, Ihn zu hören, Ihn arbeiten, gehorchen und beten zu sehen. Alles tat Er so gut! Ganz besonders waren die Eltern Jesu glücklich, sein inneres Leben, seine Absichten, seine Gefühle, den Beweggrund seiner Handlungen betrachten zu können, zu sehen, wie Er stets die Armut, den Gehorsam, die Bußwerke zu üben suchte; glücklich, Ihn in seiner Verdemütigung und Erniedrigung zu schauen, glücklich, zu sehen, wie Er, der Menschensohn, in allem nicht seine Ehre, sondern die des himmlischen Vaters suchte. Jesus, Maria und Joseph strebten einzig nach der Verherrlichung des himmlischen Vaters. Dies muß auch ich tun; darum muß ich mit Maria und Joseph mich vereinigen, an ihrem Leben teilnehmen, an dem Leben in der hl. Familie, an ihrem vertraulichen Verkehr mit Gott, an ihrem inneren Leben, um das nur Gott allein weiß. Glücklich der, welcher zu diesem Leben berufen ist! Meine Freude sei es, mit Maria und Joseph von der Liebe des sakramentalen Jesu zu leben.

Erwägung von Olier

Der hl. Joseph, welch ein Gegenstand der Liebe und des Wohlgefallens für Jesus! Wie zart, wie innig war diese Liebe. O großer Heiliger, der du so glücklich bist, von Jesus so innig geliebt zu werden; glücklicher hl. Joseph, der du für Jesus der Gegenstand der seligsten Wonne sein durftest! Glücklich auch Du, o Jesus, der du in Joseph einen so würdigen Gegenstand Deines heiligsten Wohlgefallens gefunden hast! — Wunderbar ist das Leben Gottes im Schoße der hlst. Dreifaltigkeit; Gott Vater und Gott Sohn lieben sich und als die persönliche Liebe geht der Heilige Geist von ihnen aus! Aber auch wunderbar war das Leben von Joseph und Maria, ein Abbild der Liebe des himmlischen Vaters zu seinem Sohne Jesus Christus. Der göttliche Heiland betrachtete in beiden das Leben, das Wesen, die Person und die Vollkommenheiten seines himmlischen Vaters und schöpfte aus dieser Betrachtung Liebe, Freude und Trost. Joseph und Maria erblickten ihrerseits in Jesus die zweite göttliche Person mit allem, was sie ist, Sohn Gottes, Wort des Vaters, Abglanz seines Lebens, Wesen von seinem Wesen.

Das war für sie der Himmel, das Paradies auf Erden, ein endloses Glück in diesem Tränental, Reichtum inmitten der Armut, Überfluß an allen Gütern. Dies war die Beseligung, welche schon inmitten dieses Lebens der Armut, Niedrigkeit und Verachtung ihren Anfang nahm.

Anmutung: Heiliger Joseph, erlange uns, mit dir für Jesus im heiligsten Sakramente zu leben!

30. Tag
Seliger Tod des hl. Joseph

Der hl. Joseph ist der Patron eines guten Todes. Wer sich ihm anempfiehlt, wird sicher gut sterben. Er ist das Vorbild jener, welche im Herrn sterben wollen. — Er verkündigte nicht das Evangelium, doch zehrte er sich im Dienste Jesu ganz auf und starb in dessen Armen. Viele Jahre brachte er im Dienste Jesu zu. Als seine Stunde kam, machte ihn Jesus darauf aufmerksam. Der hl. Joseph schickte sich freudig in den Willen Gottes und betete ihn an. Jesus und Maria standen ihm im Tode bei. Wenn wir wüßten, was sie in diesem Augenblicke miteinander gesprochen, wie tröstlich würde das für uns sein. Welche Schätze von Tugenden waren hier vereinigt in diesen drei heiligsten Personen, Jesus, Maria und Joseph! Alles Schöne und Erbauliche, was die Heiligen bei ihrem Scheiden gesagt, hat gewiß der hl. Joseph zu allererst gesprochen. Jesus und Maria waren in Trauer versetzt beim Tode des hl. Joseph. Wie hätte es auch anders sein können? Liebten sie ihn doch aufs innigste. Jesus weint beim Tode des Lazarus, sollte Er nicht geweint haben beim Tode des hl. Joseph? Zudem ist der Tod immer ein Opfer und selbst der Tod der Heiligen, obgleich kostbar vor Gott, ist hienieden schmerzvoll und bitter. Da nun Jesus seinen Nährvater zum Tode vorbereitete, so tröstete Er ihn und flößte ihm Vertrauen ein; denn alle, selbst die Heiligen in ihrer Demut fürchten sich vor dem Tode. Auch Maria tröstete den hl. Joseph mit den zärtlichsten Worten, ihn, den sie ja so innig liebte. Mögen auch uns, wie dem hl. Joseph, Jesus und Maria im Tode beistehen!

Der hl. Joseph nimmt den Tod willig an; dadurch setzt er seinem verborgenen Tugendleben die Krone auf. Sein Pflegesohn, für den er mit so inniger Liebe gesorgt, ward sein Richter. Gewiß war Jesus seinem guten Vater ein gnädiger Richter. — „Komm, du guter und getreuer Diener! Gehe und kündige mich in der Vorhölle an und erzähle, was du gesehen hast. Bald werde Ich euch befreien." Welch liebevolles Urteil! Welch auserlesene Erlösungsfrucht wird Jesus ihm zugewendet haben, als die Stunde der Befreiung geschlagen. Sein Thron ist ganz nahe demjenigen seines Sohnes. Bittet ihn, er möge euer Fürsprecher sein! Man sagt, daß die Heiligen uns im Tode besonders beistehen, welche wir im Leben am meisten angerufen haben. Dies sei der hl. Joseph!

Erwägung des hl. Franz von Sales

Es ist gewiß, daß der hl. Joseph bei demjenigen große Macht hat, welcher ihn mit Leib und Seele in den Himmel aufgenommen hat. An letzterer Wahrheit läßt sich kaum zweifeln, da wir vom hl. Joseph keine Überreste haben. Wie hätte ihm diese Gnade der versagen können, welcher ihm sein Leben lang gehorsam war? Als der göttliche Heiland in der Vorhölle erschien, da wird der hl. Joseph etwa so zu Ihm gesagt haben: „Herr, erinnere Dich gnädigst, daß ich Dich bei Deiner Herabkunft vom Himmel in mein Haus, in meine Familie aufgenommen, und als Du geboren warst, Dich auf meine Arme genommen habe; jetzt, da Du in den Himmel zurückkehrest, nimm mich mit Dir; nimm mich jetzt in Deine Familie auf, trage mich jetzt auf Deinen Armen." Wenn es wahr ist, daß die heilige Kommunion in unsere Leiber den Keim der glorreichen Auferstehung legt, — das ist aber Lehre der katholischen Kirche — wie können wir dann zweifeln, daß der göttliche Heiland den hl. Joseph, der Ihn so oft auf seinen Armen getragen, mit Seele und Leib in den Himmel aufgenommen hat?

Anmutung: Erlange uns, o hl. Joseph, die Gnade der heiligen Wegzehrung, damit wir, wie du, in den Armen Jesu sterben!

31. Tag
Der hl. Joseph ist ein mächtiger Beschützer

Steigen wir im Geiste hinauf zum Himmel, schauen wir da den hl. Joseph in seiner Herrlichkeit und versichern wir uns am Ende des ihm geweihten Monats seines mächtigen Schutzes für das ganze Leben und für die Stunde des Todes. Groß war der hl. Joseph auf Erden durch seine Würde und seine Tugenden; doch im Himmel ist er noch größer durch seine Herrlichkeit und durch seinen bevorzugten Platz in nächster Nähe des Thrones Gottes. Er ist gleichsam allmächtig durch die Macht Gottes des Vaters, an dessen Würde, Amt und Autorität er hienieden infolge seiner Stellung gegenüber dem fleischgewordenen Worte teilnahm. Wird wohl der ewige Vater dem etwas versagen, dem Er selbst seinen eigenen Sohn geschenkt hat?

Der hl. Joseph ist im Himmel gleichsam allmächtig durch die Macht Jesu Christi, über den er auf Erden alle Gewalt hatte und der ihm wie ein Sohn gehorsam war. Nun denn, wird nicht Jesus in seiner Glorie den leisesten Wunsch desjenigen erfüllen, der um Ihn so viel Sorge hatte und Ihm so treu diente? Das ist gar nicht anders denkbar. Jesus setzt seine Ehre darein, ihm noch im Himmel mit seiner Allmacht untertänig zu sein, wie Er sich hienieden gänzlich seinem Willen unterwarf.

Der hl. Joseph ist gleichsam allmächtig durch die Macht Marias, seiner hl. Braut. Als treue Braut gibt ihm Maria Anteil an ihrer Herrlichkeit und ihrer einzig erhabenen Macht. Gewiß wird die Königin des Himmels demjenigen nichts versagen, den sie auf Erden in Unterwürfigkeit geehrt hat als den ihren würdigen

Bräutigam, den sie geliebt hat als ihren Beschützer, als ihren fürsorglichen Vater.

Der hl. Joseph vermag darum alles. Weihen wir uns ihm also, befördern wir seine Verehrung, so werden wir Jesu und Maria überaus wohlgefallen. Das, was wir dem hl. Joseph tun, sehen sie so an, als hätten wir es Ihnen selbst getan. Für uns alle ist der hl. Joseph Vorbild und Schutzpatron. Als Anbeter Jesu im allerheiligsten Sakramente setzen wir seinen Dienst, seine Anbetung, seine Liebesergüsse gegen den göttlichen Heiland beständig fort; er wird darum über uns wachen, uns seinen Geist, seine Tugenden verleihen. Er wird uns Jesu vorstellen und Ihm sagen: Ich kann nicht mehr auf Erden weilen, um dein Hüter zu sein, Dir zu dienen und Dich zu nähren; doch, segne diese Anbeter, die meine Stelle vertreten und gewähre ihnen die gleichen Gnaden, mit denen Du mich überhäuftest. O wie freut sich der hl. Joseph, wenn er sieht, wie wir mit heiligem Eifer Jesu in der hl. Eucharistie dienen, der ja hier ebenso schwach und verlassen ist, ebenso verfolgt wird, und noch eher solcher bedarf, die Ihn beschützen und Ihm dienen, als einstens, da Er als armes, schwaches Kind auf Erden weilte.

Sehr empfehlen möchte ich diese segensreiche Andacht zum hl. Joseph euch, christliche Mütter! Der hl. Joseph ist der Patron der christlichen Familie. Verehret ihn nur einmal recht eifrig als solchen und ihr werdet seinen gnadenreichen Schutz und seine mächtige Fürsprache erfahren. Der hl. Joseph ist der Patron für eine gute christliche Standeswahl und für die treue Erfüllung der Standespflichten. Wie nötig ist es, daß ihr recht eifrig betet, um eure Pflichten gut zu erfüllen und um für eure Kinder den für sie passenden Beruf zu wählen. Ermuntert darum eure Kinder, sich recht dem hl. Joseph zu empfehlen, es wird ihnen das Glück und Segen bringen!

Die hl. Theresia erzählt, daß sie nie zum hl. Joseph gebetet habe, ohne erhört worden zu sein: habet Vertrauen wie sie und ihr werdet alles erlangen. Endlich ist der hl. Joseph Patron eines guten Todes. Glücklich die Seele, die den hl. Joseph verehrt. Sie gewinnt dadurch ein sicheres Unterpfand für einen guten Tod und für die ewige Seligkeit.

Erwägung der hl. Theresia

Um den Herrn meinen Wünschen geneigt zu machen, sagt die hl. Theresia, erwählte ich den hl. Joseph zum Fürsprecher und Beschützer und empfahl mich ihm auf das inständigste. Seine Hilfe war augenscheinlich. Dieser zärtliche Vater meiner Seele, dieser mein vielgeliebter Beschützer, beeilte sich, mich von meinen körperlichen Leiden zu befreien, wie er mich ehedem schon größeren Gefahren entzog, welche meinen guten Ruf und mein ewiges Heil bedrohten.

Was mein Glück ausmacht, ist, daß er mich stets über mein Bitten und Hoffen hinaus erhörte. Ich erinnere mich nicht, ihn bis zum heutigen Tage um etwas gebeten zu haben, was er mir nicht gewährte. Welch herrliches Bild gäbe es, könnte ich die außerordentlichen Gnaden schildern, mit denen mich Gott überhäuft hat, und die Gefahren an Leib und Seele, aus denen Er mich durch Vermittlung dieses Heiligen befreit hat! Die übrigen Heiligen helfen uns nur in dieser oder jener Not; der hl. Joseph aber, ich weiß es aus Erfahrung, hat Macht, in jeder Not zu helfen. Der göttliche Heiland will uns dadurch zeigen, daß, wie Er ihm auf der Erde, an diesem Orte der Verbannung untertan war als seinem Vater und Erzieher, Er ebenso im Himmel ihm gehorchen will, indem Er seine Bitten erhört. Das haben auch andere Personen erfahren, welchen ich angeraten habe, sich diesem unvergleichlichen Beschützer anzuempfehlen. Die Zahl seiner Verehrer wird auch immer größer und die glücklichen Erfolge, mit denen man täglich ihn anruft, bestätigen die Wahrheit meiner Worte.

Da ich jetzt durch eine so lange Erfahrung die staunenswerte Macht des hl. Joseph bei Gott kenne, so möchte ich jeden dazu bringen, diesen so mächtigen Heiligen recht innig zu verehren. Bis heute habe ich immer wahrgenommen, daß jene Personen Fortschritte in der Tugend machten, welche zu ihm eine wahre und werktätige Andacht hatten. Denn diesem himmlischen Beschützer liegt ganz besonders der geistliche Fortschritt der ihm anempfohlenen Seelen am Herzen.

Die mir nicht glauben wollen, möchte ich um der Liebe Gottes willen beschwören, doch den Versuch zu machen; sie werden selbst erfahren, wie vorteilhaft es ist, sich diesem glorreichen Patriarchen zu empfehlen und ihn auf besondere Weise zu verehren.

Anmutung: Heiliger Joseph, sei für immer mein Beschützer, mein vollkommenes Vorbild und mein zärtlicher Vater im Dienste Jesu im allerheiligsten Sakramente.

A.R.T.E.

ZWEITER TEIL:
Verschiedene Andachtsübungen

Messe am Feste des heiligen Joseph

Staffelgebet

Priester. Im Namen des Vaters und des Sohnes † und des Heiligen Geistes. Amen.

Ich will hintreten zum Altare Gottes.

Meßdiener. Zu Gott, der meine Jugend froh macht.

Pr. Schaffe mir Recht, o Gott, und schlichte meine Sache wider unheiliges Volk; vom bösen und arglistigen Menschen rette mich.

M. Denn Du, o Gott, bist meine Stärke! Warum doch hast Du mich zurückgestoßen und warum gehe ich betrübt einher, da der Feind mich plaget?

Pr. Sende aus Dein Licht und Deine Wahrheit; sie führen und geleiten mich auf Deinen heiligen Berg in Dein Gezelt.

M. Und ich will hintreten zum Altare Gottes, zu Gott, der meine Jugend froh macht.

Pr. Lobpreisen will ich Dich mit Saitenspiel, o Gott, mein Gott! Was bist du traurig, meine Seele, und was verwirrst du mich?

M. Hoffe auf Gott, denn Ihn werd' ich noch preisen: „Meines Angesichtes Heil und mein Gott."

Pr. Ehre sei dem Vater und dem Sohne und dem Heiligen Geiste.

M. Wie es war im Anfange und jetzt und allezeit und zu ewigen Zeiten. Amen.

Pr. Ich will hintreten zum Altare Gottes.

M. Zu Gott, der meine Jugend froh macht.

Pr. Unsere Hilfe ist im Namen des Herrn.

M. Der Himmel und Erde erschaffen hat.

Pr. Ich bekenne... allen Heiligen und euch Brüder, daß ich ...

M. Es erbarme sich deiner der allmächtige Gott, Er verzeihe dir deine Sünden und führe dich zum ewigen Leben.

Pr. Amen.

M. Ich bekenne Gott, dem Allmächtigen, der seligsten, allzeit reinen Jungfrau Maria, dem hl. Erzengel Michael, dem hl. Johannes dem Täufer, den hl. Aposteln Petrus und Paulus, allen Heiligen und Dir, Vater, daß ich vielfältig gesündigt habe mit Gedanken, Worten und Werken, durch meine Schuld, durch meine Schuld, durch meine sehr große Schuld. Darum bitte ich die seligste, allzeit reine Jungfrau Maria, den hl. Erzengel Michael, den hl. Johannes den Täufer, die hl. Apostel Petrus und Paulus, alle Heiligen und Dich, Vater, daß Du für mich betest zu Gott unserm Herrn.

Pr. Es erbarme sich euer der allmächtige Gott und verzeihe euch eure Sünden und führe euch zum ewigen Leben.

M. Amen.

Pr. Verzeihung, Lossprechung und Nachlassung unserer Sünden erteile uns der allmächtige und barmherzige Herr.

M. Amen.

Pr. O Gott, wende Dich zu uns und belebe uns.

M. Und Dein Volk wird sich in Dir erfreuen.

Pr. Erzeige uns, o Herr, deine Barmherzigkeit

M. Und Dein Heil verleihe uns.
Pr. Der Herr sei mit euch.
M. Und mit deinem Geiste.
Pr. (Beim Hinaufgehen zum Altar.) Lasset uns beten.
Nimm hinweg von uns, o Herr, wir bitten Dich, unsere Vergehen, damit wir würdig werden, zum Allerheiligsten mit reinem Herzen einzugehen. Durch Christus unsern Herrn. Amen.
Wir bitten Dich, o Herr, durch die Verdienste deiner Heiligen, deren Reliquien hier sind, und aller Heiligen, du wollest mir alle meine Sünden erlassen.

Introitus. Ps. 91.

Justus ut palma florebit, sicut cedrus Libani multiplicabitur: plantatus in domo Domini, in atriis domus Dei nostri.

Ps. ibid. Bonum est confiteri Domino: et psallere nomini tuo, Altissime.
V. Gloria Patri.

S. **Kyrie eleison.**

M. Kyrie eleison.

S. Kyrie eleison.

M. Christe eleison.

S. Christe eleison.

Eingang.

Es blüht der Gerechte wie die Palme, wächst wie die Zeder auf dem Libanon, gepflanzt im Hause des Herrn, in den Vorhöfen des Hauses unseres Gottes.

V: Gut ist's, den Herrn zu preisen und lobsingen deinem Namen Höchster.

Ehre sei.

Pr. Herr, erbarme Dich unser.

M. Herr, erbarme Dich unser.

Pr. Herr, erbarme Dich unser.

M. Christe, erbarme Dich unser.

Pr. Christe, erbarme Dich unser.

M. Christe eleison.

S. Kyrie eleison.

M. Kyrie eleison.

S. Kyrie eleison.

Gloria in excelsis Deo. Et in terra pax hominibus bonae voluntatis. Laudamus te, benedicimus te, adoramus te, glorificamus te. Gratias agimus tibi propter magnam gloriam tuam. Domine Deus, Rex coelestis, Deus Pater omnipotens. Domine Fili unigenite, Jesu Christe. Domine Deus, Agnus Dei, Filius Patris. Qui tollis peccata mundi, miserere nobis. Qui tollis peccata mundi, suscipe deprecationem nostram. Qui sedes ad dexteram Patris, miserere nobis. Quoniam tu solus Sanctus, tu solus Dominus, tu solus Altissimus, Jesu Christe, cum Sancto Spiritu, in Gloria Dei Patris. Amen.

M. Christe, erbarme Dich unser.
Pr. Herr, erbarme Dich unser.
M. Herr, erbarme Dich unser.
Pr. Herr, erbarme Dich unser.

Gloria. Ehre sei Gott in der Höhe und Friede den Menschen auf Erden, die eines guten Willen sind. Wir loben Dich, wir benedeien Dich, wir beten Dich an, wir verherrlichen Dich. Wir danken Dir ob Deiner großen Herrlichkeit. Herr, Gott, himmlischer König, Gott allmächtiger Vater! Herr, eingeborener Sohn Jesus Christus! Herr Gott, Lamm Gottes, Sohn des Vaters; der Du hinwegnimmst die Sünden der Welt, erbarme Dich unser: der Du hinwegnimmst die Sünden der Welt, nimm auf unser Flehen: der du sitzest zur Rechten des Vaters, erbarme Dich unser: denn Du allein bist der Heilige, Du allein der Herr, Du allein der

S. Dominus vobiscum

M. Et cum spiritu tuo.

Oratio. Sanctissimae Genitricis tuae Sponsi, quaesumus Domine, meritis adjuvemur ut, quod possibilitas nostra non obtinet, ejus nobis intercessione donetur. Qui vivis et regnas.

Lectio libri Sapientiae.
Dilectus Deo et hominibus, cujus memoria in benedictione est. Similem illum fecit in gloria sanctorum et magnificavit eum in timore inimicorum, et in verbis suis monstra placavit. Glorificavit illum in conspectu regum, et jussit illi coram populo suo, et ostendit illi gloriam suam. In fide et lenitate ipsius sanctum fecit illum, et elegit eum ex

Höchste, Jesus Christus, mit dem Heiligen Geiste in der Herrlichkeit Gottes des Vaters Amen.

Pr. Der Herr sei mit euch.

M. Und mit deinem Geiste.

Gebet. Wir bitten Dich, o Herr, laß uns durch die Verdienste des Bräutigams deiner heiligsten Gebärerin geholfen werden, damit, was unser eigenes Vermögen nicht erhalten kann, uns durch seine Fürbitte geschenkt werde. Der Du lebst.

Lesung (Eccli. 45,1-6)
Geliebt war er von Gott und Menschen; sein Andenken ist im Segen: Er hat ihn, wie die Heiligen, verherrlicht, ihn groß gemacht zum Schrecken der Feinde und ließ auf sein Wort große Plagen aufhören. Er verherrlichte ihn vor Königen, gab ihm Befehle an sein Volk und zeigte ihm seine Herrlichkeit. Um seiner Treue und Sanftmut willen heiligte

omni carne. Audivit enim eum et vocem ipsius, et induxit illum in nubem. Et dedit illi coram praecepta, et legem vitae et disciplinae.

Graduale. Ps. 20 Domine, praevenisti eum in benedictionibus dulcedinis: posuisti in capite ejus coronam de lapide pretioso.

V. Vitam petiit a te, et tribuisti et longitudinem dierum in saeculum saeculi. Alleluja, alleluja.

V. Ps. 91. Justus ut palma florebit: sicut cedrus Libani multiplicabitur. Alleluja.

Tractus. Ps. 111. Beatus vir, qui timet Dominum: in mandatis ejus cupit nimis.

V. Potens in terra erit semen ejus: generatio rectorum benedicetur.

V. Gloria et divitiae in domo ejus: et justitia ejus

Er ihn und erwählte ihn vor allem Fleische. Er hörte auf ihn und seine Stimme und führte ihn in die Wolke. Er gab ihm selber die Gebote und das Gesetz des Lebens und der Zucht.

Du kamst ihm, Herr, zuvor mit süßen Segnungen; Du setztest eine Krone von Edelsteinen auf sein Haupt.

V. Um Leben bat er Dich, und Du gabst der Tage Fülle ihm auf immer und ewig. Alleluja, alleluja.

V. Es blühet der Gerechte wie die Palme, wächst wie die Zeder auf dem Libanon. Alleluja.

Glückselig wer den Herrn fürchtet, Lust hat an seinen Satzungen.

V. Machtvoll auf Erden wird seine Nachkommenschaft sein, das Geschlecht der Gerechten wird gesegnet.
V. Ruhm und Reichtum sind in seinem Hause,

manet in saeculum saeculi.	und seine Gerechtigkeit währt ewiglich.

In der österlichen Zeit mit Weglassung von Stufenpsalm und Traktus:

Alleluja, alleluja. V. Eccl. 45. Amavit eum Dominus, et ornavit eum: stolam gloriae induit eum. Alleluja. V. Os. 14. Justus germinabit sicut lilium: et florebit in aeternum ante Dominum. Alleluja.	Alleluja, alleluja. V. Der Herr hat ihn geliebt und geziert: und mit dem Kleide der Ehre hat er ihn angetan. Alleluja. V. Es sprosset der Gerechte wie die Lilie, wird blühen vor dem Herrn in Ewigkeit. Alleluja.

Vor dem Evangelium

Reinige mein Herz und meine Lippen, allmächtiger Gott, der Du einst die Lippen des Propheten Isaias mit einer glühenden Kohle gereinigt hast; so wolle durch deine huldreiche Erbarmung mich reinigen, daß ich Dein heiliges Evangelium würdig zu verkünden vermöge. Durch Christus, unsern Herrn. Amen.

Segne, o Herr! – Der Herr sei in meinem Herzen und auf meinen Lippen, auf daß ich würdig und geziemend sein Evangelium verkünde. Amen.

S. Dominus vobiscum.	Pr. Der Herr sei mit euch.
M. Et cum spiritu tuo.	M. Und mit deinem Geiste.
S. † Sequentia sancti Evangelii secundum Matthaeum.	Pr. Aus dem Evangelium des heiligen Matthäus. (Matth. 1, 18-21)
M. Gloria tibi, Domine.	M. Ehre sei Dir, o Herr.

Evangelium

Cum esset desponsata mater Jesu Maria Joseph, antequam convenirent, inventa est in utero habens de Spiritu Sancto. Joseph autem vir ejus, cum esset justus et nollet eam traducere, voluit occulte dimittere eam. Haec autem eo cogitante, ecce, Angelus Domini apparuit in somnis ei, dicens: Joseph, fili David, noli timere accipere Mariam con-jugem tuam; quod enim in ea natum est, de Spiritu Sancto est. Pariet autem filium, et vocabis nomen ejus Jesum: ipse enim salvum faciet populum suum a peccatis eorum. C r e d o .

Als die Mutter Jesu, Maria, mit Joseph vermählt war, fand sich's, ehe sie zusammengekommen, daß sie empfangen hatte vom Heiligen Geiste. Joseph aber, ihr Mann, weil er gerecht war und sie nicht in übeln Ruf bringen wollte, gedachte sie heimlich zu entlassen. Als er aber mit diesem Gedanken umging, sieh, da erschien ihm der Engel des Herrn im Schlafe und sprach: Joseph, Sohn Davids, fürchte dich nicht, Maria, dein Weib, zu dir zu nehmen: denn was in ihr erzeugt worden, das ist vom Heiligen Geiste: sie wird aber einen Sohn gebären, dem sollst Du den Namen Jesus geben, denn er wird sein Volk erlösen von den Sünden. C r e d o .

Credo [1]

Credo in unum Deum, Patrem omnipotentem, factorem coeli et terrae, visibilium omnium et invisibilium. Et in unum Dominum Jesum Christum, Filium Dei unigenitum. Et ex Patre natum ante omnia saecula. Deum de Deo, lumen de lumine, Deum verum de Deo vero. Genitum, non factum, consubstantialem Patri; per quem omnia facta sunt. Qui propter nos homines et propter nostram salutem descendit de coelis. Et incarnatus est de Spiritu Sancto ex Maria Virgine: et homo factus est. Crucifixus etiam pro nobis: sub Pontio Pilato passus et sepultus est. Et resurrexit tertia die, secundum Scripturas. Et ascendit in coelum: sedet

Glaubensbekenntnis. Ich glaube an Einen Gott, den allmächtigen Vater, Schöpfer Himmels und der Erde, alles Sichtbaren und Unsichtbaren. Und an Einen Herrn Jesum Christum, Gottes eingeborenen Sohn und aus dem Vater geboren von Ewigkeit her, Gott von Gott, Licht vom Lichte, wahren Gott vom wahren Gott: gezeugt, nicht erschaffen, Einer Wesenheit mit dem Vater, durch den alles gemacht ist; der wegen uns Menschen und um unseres Heiles Willen herabgestiegen ist vom Himmel, Fleisch geworden durch den Heiligen Geist aus Maria, der Jungfrau, und Mensch geworden ist, auch gekreuzigt ward für uns, unter Pontius Pilatus gelitten hat und begraben worden ist. Und

---

[1] Wie es von den allgemeinen Konzlien zu Nicäa (325) und zu Konstantinopel (381) aufgestellt worden ist. Das Credo fällt bei Privatvotivmessen aus.

ad dexteram Patris. Et iterum venturus est cum gloria, judicare vivos et mortuos: cujus regni non erit finis. Et in Spiritum Sanctum, Dominum et vivificantem: qui ex Patre Filioque procedit. Qui cum Patre et Filio simul adoratur et conglorificatur: qui locutus est per prophetas. Et unam, sanctam, catholicam et apostolicam Ecclesiam. Confiteor unum baptisma in remissionem peccatorum. Et exspecto resurrectionem mortuorum. Et vitam venturi saeculi. Amen.

auferstanden ist am dritten Tage, gemäß der Schrift und aufgefahren in den Himmel, sitzet Er zu Rechten des Vaters und wird wiederkommen mit Herrlichkeit, zu richten die Lebendigen und die Toten und seines Reiches wird kein Ende sein. Und an den Heiligen Geist, den Herrn und Lebendigmacher, der vom Vater und Sohne ausgeht, der mit dem Vater und dem Sohne zugleich angebetet und verherrlicht wird, der geredet hat durch die Propheten. Und Eine, heilige, katholische und apostolische Kirche. Ich bekenne Eine Taufe zur Nachlassung der Sünden und erwarte die Auferstehung der Toten und das Leben der zukünftigen Welt. Amen.

S. Dominus vobiscum.

Pr. Der Herr sei mit euch.

M. Et cum spiritu tuo.

M. Und mit deinem Geiste.

S. Oremus

Pr. Lasset uns beten.

Offertorium. Ps. 88 Veritas mea et misericordia mea cum ipso: et in nomine meo exaltabitur cornu ejus.	**Opferung.** Meine Treue und mein Erbarmen sind mit ihm: in meinem Namen wird seine Kraft erhöht.

Bei der Opferung des Brotes:

Nimm auf, heiliger Vater, allmächtiger, ewiger Gott, diese makellose Opfergabe, welche ich, Dein unwürdiger Diener, Dir, meinem, lebendigen und wahren Gott, darbringe für meine unzähligen Sünden, Beleidigungen und Nachlässigkeiten, und für alle Umstehenden, aber auch für alle gläubigen Christen, lebende und abgestorbene, damit sie mir und ihnen zum Heile gereiche für das ewige Leben. Amen.

Bei der Mischung des Weines mit Wasser:

O Gott, der Du die Würde der menschlichen Natur wunderbar erschaffen und noch wunderbarer wiederhergestellt hast: verleihe uns durch das Geheimnis dieses Wassers und Weines, an der Gottheit desjenigen teilzunehmen, der sich gewürdigt hat, unserer Menschheit teilhaftig zu werden, Jesus, Christus, Dein Sohn, unser Herr, welcher mit Dir lebt und regiert in Einigkeit des Heiligen Geistes Gott von Ewigkeit zu Ewigkeit. Amen.

Bei der Opferung des Kelches:

Wir opfern Dir, o Herr, den Kelch des Heiles, indem wir zu deiner Milde flehen, daß er im Angesichte Deiner göttlichen Majestät für unser und der ganzen Welt Heil mit lieblichem Wohlgeruche emporsteige. Amen.

Im Geiste der Demut und mit zerknirschtem Herzen laß uns, o Herr, bei Dir Aufnahme finden, und unser Opfer werde heute so vor Deinem Angesichte dargebracht, daß es Dir wohlgefalle, Herr und Gott.

Komm, Heiligmacher, allmächtiger, ewiger Gott und segne † dieses Opfer, welches Deinem heiligen Namen bereitet ist.

Bei der **Opferung** von Brot und Wein bringe man sich selbst dem Herrn zum Opfer dar, z.B. mit den Worten: „Nimm hin, o Herr, meine ganze Freiheit, nimm hin mein Gedächtnis, meinen Verstand und all meinen Willen. Was immer ich habe oder besitze, hast Du mir geschenkt; das alles stelle ich Dir zurück und überlasse es ganz der Leitung Deines heiligen Willens. Nur Deine Liebe und Deine Gnade gib mir, dann bin ich reich genug und verlange weiter nichts mehr." (300 Tage Ablaß einmal täglich.)

Beim Lavabo oder der Händewaschung:

Ich wasche mit den Unschuldigen meine Hände und will Deinen Altar, o Herr, umgeben:

Auf daß ich höre die Stimme des Lobes und erzähle alle deine Wunder.

O Herr! Ich liebe Deines Hauses Zier, den Ort der Wohnung Deiner Herrlichkeit.

Laß nicht mit den Gottlosen meine Seele zu Grunde gehen, o Gott, und nicht mein Leben mit den Blutmenschen.

An deren Händen Frevel kleben, und deren Rechte voll ist von Bestechung.

Ich aber wandle in meiner Unschuld; erlöse mich und erbarme Dich meiner.

Mein Fuß, er stehet auf dem rechten Pfade, in den Versammlungen will ich Dich lobpreisen, Herr. Ehre sei...

In der Mitte des Altares:

Nimm an, heilige Dreifaltigkeit, dieses Opfer, welches wir Dir darbringen zum Gedächtnis des Leidens, der Auferstehung und der Himmelfahrt unseres Herrn Jesu Christi und zur Ehre der seligen, allzeit reinen Jungfrau Maria, des hl. Johannes des Täufers, der heiligen Apostel Petrus und Paulus und dieser [1] und aller Heiligen, daß es ihnen zur Ehre, uns aber zum Heile gereiche, und sie im Himmel für uns bitten mögen, deren Andenken wir auf Erden feiern. Durch denselben Christum, unsern Herrn. Amen.

Pr. Betet, Brüder, daß mein und euer Opfer angenehm werde bei Gott, dem allmächtigen Vater.

M. Es nehme der Herr das Opfer von deinen Händen an zum Lobe und zur Verherrlichung seines Namens, auch zu unserer und zu seiner ganzen heiligen Kirche Wohlfahrt.

Pr. Amen.

Secreta. Debitum tibi, Domine, nostrae reddimus servitutis, suppliciter exorantes, ut suffragiis beati Joseph, Sponsi Genitricis Filii tui Jesu Christi, Domini nostri, in nobis tua munera tuearis, ob cujus venerandam festivitatem laudis tibi hostias immolamus. Per eundem	**Stillgebet.** Wir weihen dir, o Herr, den schuldigen Dienst unserer Unterwürfigkeit mit demutsvoller Bitte, Du wollest durch die Fürsprache des heiligen Joseph, des Bräutigams der Mutter deines Sohnes, unseres Herrn Jesu Christi, in uns deine Gaben behüten, die wir

---

[1] D.i. der soeben genannten oder derjenigen Heiligen, deren Reliquien sich im Altare befinden.

Dominum nostrum Jesum Christum etc.

ob seines ehrwürdigen Festes des Lobes Opfer Dir darbringen. Durch denselben Jesum Christum unsern Herrn. Amen.

Präfation

S. Per omnia saecula saeculorum.

M. Amen.

Von Ewigkeit zu Ewigkeit.

M. Amen.

S. Dominus vobiscum.

M. Et cum spiritu tuo.

Pr. Der Herr sei mit euch.

M. Und mit deinem Geiste.

S. Sursum corda!

M. Habemus ad Dominum.

Pr. Empor die Herzen!

M. Wir haben sie zum Herrn erhoben.

S. Gratias agamus Domino Deo nostro.

M. Dignum et justum es.

Pr. Lasset uns Dank sagen dem Herrn, unserm Gott.

M. Würdig ist es und recht.

Vere dignum et justum est, aequum et salutare, nos tibi semper et ubique gratias agere: Domine sancte, Pater omnipotens, aeterne Deus: Et te in Festivitate beati Joseph debitis magnifcare praeconiis, benedicere et praedicare. Qui et vir

Wahrhaft würdig ist es und gerecht, billig und heilsam, daß wir Dir immer und überall danken, heiliger Herr, allmächtiger Vater, ewiger Gott, und dich bei der Festfeier des seligen Joseph mit schuldigem Lobgesang verherrlichen,

justus, a te Deiparae Virgini Sponsus est datus: et fidelis servus ac prudens, super Familiam tuam est constitutus: ut Unigenitum tuum, Sancti Spiritus obumbratione conceptum, paterna vice custodiret, Jesum Christum Dominum nostrum. Per quem majestatem tuam laudent Angeli, adorant Dominationes, tremunt Potestates. Coeli coelorumque Virtutes ac beata Seraphim socia exultatione concelebrant. Cum quibus et nostras voces, ut admitti jubeas, deprecamur supplici confessione dicentes:

benedeien und laut preisen. Ihn, den Gerechten, hast du der Gottesgebärerin und Jungfrau zum Bräutigam gegeben; ihn, deinen getreuen und klugen Diener, über deine Familie gesetzt; ihn hast du berufen, deinen Eingeborenen, nach der Empfängnis durch Überschattung des Heiligen Geistes, an Vaters Statt zu schirmen Jesus Christus, unsern Herrn, durch welchen deine Majestät loben die Engel, anbeten die Gewalten, die Mächte zittern, die Himmel und die Kräfte der Himmel und die seligen Seraphim mit einstimmiger Freude sie feiern; mit ihnen laß, wir flehen zu dir, auch unsere Stimmen zu Dir gelangen, die wir in demütigem Lobpreise sprechen:

Sanctus

Sanctus, Sanctus, Sanctus, Dominus Deus Sabaoth. Pleni sunt coeli et terra gloria tua; Hosanna in

Heilig, heilig, heilig, ist der Herr Gott Sabaoth! Himmel und Erde sind deiner Herrlichkeit voll;

excelsis. Benedictus qui venit in nomine Domini. Hosanna in excelsis.	Hosanna in der Höhe! Gebenedeit sei, der da kommt im Namen des Herrn! Hosanna in der Höhe!

Kanon oder Stillmesse

Dich also, mildester Vater, bitten wir durch Jesum Christum, Deinen Sohn, unsern Herrn, und flehen zu Dir in tiefster Demut, daß Du wohlgefällig ansehen und segnen wollest diese Geschenke †, diese Gaben †, diese heiligen, unbefleckten Opfer †, die wir darbringen zuvörderst für Deine heilige katholische Kirche, welche Du auf dem ganzen Erdkreis in Frieden bewahren, beschützen, vereinigen und regieren wollest, zugleich mit Deinem Diener, unserem Papste N., und unserem Bischof N.[1] und allen Rechtgläubigen und Bekennern des katholischen und apostolischen Glaubens.

Fürbitte für die Lebenden (Memento vivorum):

Gedenke, o Herr, auch Deiner Diener und Dienerinnen N.N.[2] und aller Gegenwärtigen, deren Glaube und Andacht Dir bekannt ist, für welche wir Dir das Opfer darbringen oder welche Dir diese Gaben des Lobes opfern für sich und alle die Ihrigen, zur Rettung ihrer Seelen, für die Hoffnung ihres Heiles und ihrer Wohlfahrt, und Dir, dem ewigen, lebendigen und wahren Gott, ihre Gelöbnisse darbringen.

Wir, die wir in Gemeinschaft mit den Heiligen stehen, ehren auch das Andenken vor allem der

---

[1] Im österreichischen Kaiserstaat wurde, wie früher für den römischen Kaiser, hinzugefügt: „und unserem Kaiser N.".

[2] Hier hält man etwas inne und gedenkt jener Lebenden, für die man besonders beten will.

glorreichen, allzeit reinen Jungfrau Maria, der Mutter Gottes und unseres Herrn Jesu Christi, aber auch Deiner heiligen Apostel und Martyrer: des Petrus und Paulus, Andreas, Jakobus, Johannes, Thomas, Jakobus, Philippus, Bartholomäus, Matthäus, Simon und Thaddäus, Linus, Cletus, Clemens, Xystus, Cornelius, Cyprianus, Laurentius, Chrysogonus, Johannes und Paulus, Cosmas und Damianus und aller Deiner Heiligen. Durch ihre Verdienste und Fürbitte verleihe uns, daß wir in allem durch Deinen hilfreichen Schutz bewahrt werden. Durch Christum, unsern Herrn. Amen.

So nimm denn, o Herr, wir bitten Dich, dies Opfer unseres Dienstes, sowie Deiner ganzen Gemeinde gnädig auf, leite unsere Tage in Deinem Frieden, und laß uns vor der ewigen Verdammnis bewahrt und einst Deinen Auserwählten zugezählt werden. Durch Christum, unsern Herrn, Amen.

Und dieses Opfer wollest Du, o Gott, wir bitten Dich, in allem † gesegnet, Dir † gewidmet, vor Dir † geltend, würdig und wohlgefällig machen, damit es uns werde der † Leib und das † Blut Deines geliebtesten Sohnes, unseres Herrn Jesu Christi.

Konsekration oder Wandlung:

Wenn bei der Elevation (Erhebung) die hl. Hostie dem Volke gezeigt wird, schaue voll Glauben und Andacht auf dieselbe und bete dann:

O Jesus, ich glaube, daß Du durch Deinen Diener Brot und Wein in Deinen heiligsten Leib und Dein heiligstes Blut verwandelst. In diesem Glauben will ich leben und sterben.

Sei gegrüßt, o wahrer Leib Jesu, geboren aus Maria der Jungfrau, der Du für mich am Kreuze geopfert worden bist! In tiefster Demut bete ich Dich an und opfere Dich dem himmlischen Vater auf. O Jesu, sei mir gnädig! O Jesu, sei mir barmherzig! O Jesu, verzeih mir meine Sünden!

Bei der Erhebung des Kelches:

Sei gegrüßt, o kostbares Blut Jesu Christi, das Du für mich am Kreuze vergossen worden bist. In tiefster Demut bete ich Dich an und opfere Dich dem himmlischen Vater auf. O Jesu ich glaube an Dich, ich hoffe auf Dich, ich liebe Dich! O Jesu, Dir lebe ich! O Jesu, Dir sterbe ich! O Jesu, Dein bin ich im Leben und im Tod.

O Jesu, wie Du Brot und Wein in Dein heiligstes Fleisch und Blut verwandelst, so verwandle mein sinnliches, stolzes, liebloses (man denke da an seine Hauptneigung) Herz in ein reines demütiges, sanftmütiges, friedfertiges Herz.

Nach der hl. Wandlung:

Darum gedenken, o Herr, auch wir, Deine Diener und Dein heiliges Volk, des seligmachenden Leidens, der Auferstehung von den Toten, der glorreichen Himmelfahrt Deines Sohnes, unseres Herrn Jesu Christi, und bringen Deiner erhabenen Majestät von Deinen Geschenken und Gaben ein reines † Opfer dar, ein heiliges † Opfer, ein unbeflecktes † Opfer: das heilige † Brot des ewigen Lebens und den Kelch des † ewigen Heils.

Sieh darauf herab mit gnädigem und mildem Angesichte und nimm es wohlgefällig auf, wie Du einst mit Wohlgefallen aufnahmst die Gaben Abels, Deines gerechten Dieners, und das Opfer unseres Patriarchen

Abraham und das heilige, unbefleckte Opfer, welches Dir einst Dein Hoherpriester Melchisedech dargebracht hat.

Demütig flehen wir zu Dir, allmächtiger Gott, laß dieses Opfer im Angesichte Deiner göttlichen Majestät durch die Hände Deines heiligen Engels zu Deinem erhabenen Altare emportragen, damit wir alle, welche durch gemeinschaftlichen Genuß von diesem Altare den † heiligen Leib und das Blut † Deines Sohnes empfangen, mit allem Segen des Himmels und seiner Gnade erfüllt werden. Durch denselben Christum, unsern Herrn. Amen.

Fürbitte für die Verstorbenen
(Memento defunctorum):

Gedenke auch, o Herr, Deiner Diener und Dienerinnen N.N., welche uns mit dem Zeichen des Glaubens vorangegangen sind und nun im Schlaf des Friedens ruhen. Wir bitten Dich, o Herr, gib ihnen wie allen in Christus Ruhenden in Erbarmung den Ort der Erquickung, des Lichtes und des Friedens. Durch denselben Christum unsern Herrn. Amen.

Bitte um die Gemeinschaft der Heiligen:

Auch uns Sündern, deinen Dienern, die wir auf die Fülle Deiner Erbarmungen vertrauen, würdige Dich, die Teilnahme und Gemeinschaft Deiner heiligen Apostel und Martyrer zu verleihen: des hl. Johannes, Stephanus, Matthias, Barnabas, Ignatius, Alexander, Marcellinus, Petrus, der hl. Felicitas, Perpetua, Agatha, Lucia, Agnes, Cäcilia, Anastasia und aller Deiner Heiligen. Nimm uns auf in deren seligen Gemeinschaft, nicht wegen unserer Verdienste, sondern vermöge Deiner Barmherzigkeit.

Durch Christum, unsern Herrn, durch welchen Du, o Herr, alles dieses Gute immer schaffest, † heiligest, † belebest, †segnest und uns erteilest.

Durch Ihn † und mit Ihm † und in Ihm † ist Dir, o Gott, allmächtiger † Vater, in Einheit mit dem † Heiligen Geiste alle Ehre und Herrlichkeit.

P. Von Ewigkeit zu Ewigkeit.
A. Amen.

Pater noster

Oremus. Praeceptis salutaribus moniti et divina institutione formati, audemus dicere:	Lasset uns beten. Durch heilsame Vorschriften ermahnt und durch göttliche Unterweisung angeleitet, wagen wir zu sprechen:

Pater noster, qui es in coelis: sanctificetur nomen tuum: adveniat regnum tuum: fiat voluntas tua sicut in coelo et in terra. Panem nostrum quotidianum da nobis hodie, et dimitte nobis debita nostra, sicut et nos dimittimus debitoribus nostris. Et ne nos inducas in tentationem. M. Sed libera nos a malo. S. Amen.

Erlöse uns, o Herr, wir bitten Dich, von allen Übeln, von den vergangenen, gegenwärtigen und zukünftigen und auf die Fürbitte der seligen, glorreichen, allezeit jungfräulichen Gottesmutter Maria, wie auch Deiner hl. Apostel Petrus und Paulus, Andreas und aller Heiligen, gib gnädiglich Frieden in unseren Tagen, daß wir, durch die Hilfe Deiner Barmherzigkeit unterstützt, allezeit von Sünde frei und vor jeder Beunruhigung sicher seien. Durch

denselben Jesum Christum, Deinen Sohn, unsern Herrn, welcher mit Dir lebt und regiert in Einigkeit des Heiligen Geistes Gott von Ewigkeit zu Ewigkeit.
M. Amen.
Pr. Der Friede † des Herrn sei † allezeit mit † euch.
M. Und mit deinem Geiste.

Diese Mischung und Weihung des Leibes und Blutes unseres Herrn Jesu Christi gereiche uns, den Empfängern, zum ewigen Leben. Amen.

O Du Lamm Gottes, das Du hinwegnimmst die Sünden der Welt, erbarme Dich unser!
O Du Lamm Gottes, ... erbarme dich unser!
O Du Lamm Gottes, ... schenke uns den Frieden!

Zur Kommunion

Herr Jesu Christe, der Du zu Deinen Aposteln gesprochen hast: „Den Frieden hinterlasse Ich euch, Meinen Frieden gebe Ich euch", sieh nicht auf meine Sünden, sondern auf den Glauben Deiner Kirche und würdige Dich, sie nach Deinem Willen im Frieden und in der Einheit zu befestigen. Der Du lebst und regierst usw. Amen.

Herr Jesu Christe, Sohn des lebendigen Gottes, der Du nach dem Willen des Vaters, unter Mitwirkung des Heiligen Geistes, durch Deinen Tod der Welt das Leben gegeben hast: erlöse mich durch diesen Deinen hochheiligen Leib und Dein hochheiliges Blut von allen meinen Sünden und von sämtlichen Übeln, und mache, daß ich allezeit Deinen Geboten anhange, und laß nicht zu, daß ich jemals von Dir geschieden werde. Der Du mit demselben Gott dem Vater und dem Heiligen Geiste lebst usw. Amen.

Der Genuß Deines Leibes, Herr Jesu Christe, den ich Unwürdiger zu empfangen wage, gereiche mir nicht zum Gerichte und zur Verdammnis, sondern diene mir nach Deiner Güte zum Schutze der Seele und des Leibes und zur Heilung. Der Du lebst und regierst mit Gott dem Vater in Einigkeit des Heiligen Geistes Gott von Ewigkeit zu Ewigkeit. Amen.

Wenn man nicht wirklich kommuniziert, kommuniziere man geistlicherweise, z. B.: „O mein Jesus, ich glaube, daß Du im allerheiligsten Sakrament mit Gottheit und Menschheit, mit Leib und Seele, mit Fleisch und Blut, mit Deinem süßen, liebenswürdigsten Herzen zugegen bist. O gib mir eine rechte feurige Liebe zu Deinem göttlichen Herzen, damit ich aus Liebe zu demselben meine begangenen Sünden herzlich bereue, mich vor jeder auch der kleinsten Sünde ängstlich hüte und einen recht großen Eifer bekomme zum Fortschritt in allem Guten! O göttliches Herz Jesu, treibe den Geist der Eigenliebe, Eitelkeit, Unlauterkeit, Trägheit ect. (Lieblingsneigung) aus meinem Herzen hinaus und vereinige Dich so fest und innig mit meinem Herzen, daß diese zwei Herzen nie mehr voneinander getrennt werden; sie sollen beisammen bleiben im Leben und im Sterben, für Zeit und Ewigkeit."
Man soll nicht ohne Selbstaufopferung und ohne einen bestimmten praktischen Entschluß für den Tag (sich von der Lieblingssünde zu enthalten, die kommenden Opfer, welche Glaube und Beruf, Stand und Umgebung von uns verlangen, bereitwillig auf sich zu nehmen), sich vom hl. Opfer entfernen. Die erste Frucht der heiligen Messe soll darin bestehen, daß man sich ganz nach dem Willen Gottes zum Opfer bringt, gleichwie sich Christus am Kreuze geopfert hat und auf dem Altare fortwährend vor unsern Augen opfert.

Ich will das Himmelsbrot nehmen und den Namen des Herrn anrufen.

O Herr, ich bin nicht würdig, daß Du eingehest unter mein Dach, aber sprich nur ein Wort, so wird meine Seele gesund. (Dreimal.)

Der Leib unseres Herrn Jesu Christi bewahre meine Seele zum ewigen Leben. Amen.

Was soll ich dem Herrn vergelten für alles, was Er mir erwiesen hat? Den Kelch des Heiles will ich ergreifen und den Namen des Herrn anrufen. Lobpreisend will ich den Herrn anrufen, und vor meinen Feinden werde ich sicher sein.

Das Blut unseres Herrn Jesu Christi bewahre meine Seele zum ewigen Leben. Amen.

Was wir mit dem Munde genossen, o Herr, laß uns mit reinem Herzen aufnehmen, und aus dieser Gabe in der Zeitlichkeit werde uns ein Heilmittel für die Ewigkeit.

Dein Leib, o Herr, den ich genossen, und Dein Blut, das ich getrunken, hafte stets in meinem Innersten und verleihe, daß keine Makel der Sünde in mir zurückbleibe, den die reinen und heiligen Geheimnisse erquickten. Der Du lebst und regierst von Ewigkeit zu Ewigkeit. Amen.

Communio. Matth. I.
Joseph, fili David, noli timere accipere Mariam conjugem tuam; quod enim in ea natum est, de Spiritu Sancto est.

Joseph, Sohn Davids, fürchte dich nicht, Maria, dein Weib, zu Dir zu nehmen; denn was in ihr erzeugt worden, das ist vom Heiligen Geiste.

Postcommunio.
Adesto nobis, quaesumus, misericors Deus, et intercedente pro

Schlußgebet. Stehe uns bei, barmherziger Gott, und auf die Fürsprache des heiligen Bekenners Joseph bewahre

nobis beato Joseph Confessore, tua circa nos propitiatus dona custodi. Per Dominum etc.	gnädiglich in uns deine Gaben. Durch Jesum Christum etc.
S. Dominus vobiscum. M. Et cum spiritu tuo.	Pr. Der Her sei mit euch. M. Und mit deinem Geiste.
S. Ite, missa est. (Vot.: Benedicamus Domino) M. Deo gratias.	Pr. Gehet, die Messe ist vollendet. (Lasst uns den Herrn preisen) M. Dank sei Gott.

Aufopferung am Schlusse

Laß Dir gefallen, hl. Dreieinigkeit, die Huldigung meiner Dienstbarkeit, und verleihe, daß das Opfer, welches ich Unwürdiger vor den Augen Deiner Majestät dargebracht habe, Dir angenehm sei, mir aber und denen, für die ich es darbrachte, durch Deine Erbarmung zur Versöhnung gereiche. Durch Christum, unsern Herrn. Amen.

Segen

Pr. Es segne euch der allmächtige Gott, der Vater und der Sohn † und der Heilige Geist. M. Amen.

Letztes oder Johannes-Evangelium

P. Der Herr sei mit euch.

M. Und mit deinem Geiste.

Pr. Anfang des heiligen Evangeliums nach Johannes.

M. Ehre sei Dir, o Herr!

Im Anfange war das Wort und das Wort war bei Gott, und Gott war das Wort. Dieses war im Anfange bei

Gott. Alles ist durch dasselbe gemacht und ohne es ist nichts gemacht, was gemacht ist. In ihm war das Leben und das Leben war das Licht der Menschen. Und das Licht leuchtete in der Finsternis; aber die Finsternis hat es nicht begriffen. Es war ein Mensch von Gott gesandt, der Johannes hieß. Dieser kam zum Zeugnisse, damit er Zeugnis von dem Lichte gäbe, auf daß alle durch ihn glaubten. Er war nicht das Licht, sondern er sollte Zeugnis von dem Lichte geben. Es war das wahre Licht, welches jeden Menschen erleuchtet, der in diese Welt kommt. Es war in der Welt und die Welt ist durch Ihn gemacht worden; aber die Welt hat Ihn nicht erkannt. Er kam in sein Eigentum und die Seinigen nahmen Ihn nicht auf. Allen aber, die Ihn aufnahmen, gab Er Macht, Kinder Gottes zu werden, denen, die an seinen Namen glauben, welche nicht aus dem Geblüte, noch aus dem Willen des Fleisches, noch aus dem Willen des Mannes, sondern aus Gott geboren sind. **Und das Wort ist Fleisch geworden** und hat unter uns gewohnt und wir haben seine Herrlichkeit gesehen, die Herrlichkeit als des Eingeborenen vom Vater, voll der Gnade und Wahrheit.

M. Gott sei Dank.

Messe am Schutzfest des hl. Joseph

(3. Mittwoch nach Ostern)

(Alles wie am Feste, folgende Gebete und Lesungen ausgenommen.)

Introitus. Ps. 32 Adjutor et protector noster est Dominus: in eo laetabitur cor nostrum, et in nomine sancto ejus speravimus. Alleluja, alleluja. Ps. 79. Qui regis Israel, intende: qui deducis velut ovem Joseph. V. Gloria Patri

Eingang. Unser Helfer und Beschirmer ist der Herr; in Ihm freut sich unser Herz und wir vertrauen auf seinen heiligen Namen. Ps. Hirt Israel, o merk auf uns, der Du gleich einem Schäflein Joseph führest. V. Ehre sei.

Oratio. Deus, qui ineffabili providentia beatum Joseph, sanctissimae Genitricis tuae Sponsum eligere dignatus es: praesta, quaesumus; ut, quem protectorem veneramur in terris, intercessorem habere mereamur in coelis. Qui vivis et regnas etc.

Gebet. O Gott, der Du in deiner unaussprechlichen Vorsehung den heiligen Joseph zum Bräutigam deiner heiligsten Mutter zu erwählen Dich gewürdigt hast: verleihe, daß wir ihn, den wir auf Erden als unseren Beschützer verehren, auch als Fürsprecher im Himmel zu haben verdienen. Der Du lebst ect.

Lectio libri Genesis. Filius accrescens Joseph, filius accrescens, et decorus aspectu: filiae discurrerunt super murum. Sed exasperaverunt eum, et jurgati sunt, invideruntque illi habentes jacula. Sedit in forti arcus ejus, et dissoluta sunt vincula brachiorum et manuum illius per manus potentis Jacob: inde pastor egressus est, lapis Israel. Deus patris tui erit adjutor tuus, et Omnipotens benedicet tibi benedictionibus caeli desuper, benedictionibus abyssi jacentis deorsum, benedictionibus uberum et vulvae. Benedictiones patris tui confortatae sunt benedictionibus patrum ejus, donec veniret desiderium collium aeternorum: fiant in capite Joseph, et in vertice Nazaraei inter fratres suos.

Lesung. (1 Mos. 49, 22-26). Ein Sohn des Gedeihens ist Joseph, ein Sohn des Gedeihens und lieblichen Anblicks. Die Töchter schreiten auf der Mauer dahin. Aber sie erbitterten ihn und haderten mit ihm, es stellten ihm nach die Pfeilbewehrten. Doch sein Bogen hält unerschüttert stand, und gelöst sind die Fesseln seiner Arme und Hände durch die Hände des Starken, Jakobs; von dort ging der Hirte hervor, der Fels Israels. Der Gott deines Vaters wird dein Helfer sein, und der Allmächtige wird dich segnen mit der Segensfülle des Himmels von oben, mit der Segensfülle aus der Tiefe unten, mit der Segensfülle aus Brüsten und Mutterschoß. Die Segnungen deines Vaters werden übertreffen die Segnungen seiner Väter, bis da kommt das Verlangen der ewigen Hügel. Sie mögen

Alleluja, alleluja. V. De quacumque tribulatione clamaverint ad me, exaudiam eos et ero protector eorum semper. Alleluja.

V. Fac nos innocuam, Joseph, decurrere vitam sitque tuo semper tuta patrocinio. Alleluja.

Sequentia sancti Evangelii secundum Lucam 3, 21-23

In illo tempore: Factum est autem, cum baptizaretur omnis populus, et Jesu baptizato et orante, apertum est caelum: et descendit Spiritus Sanctus corporali specie sicut columba in ipsum: et vox de caelo facta est: Tu es Filius meus dilectus, in te complacui mihi. Et ipse Jesus erat incipiens quasi annorum triginta, ut putabatur, filius Joseph.

kommen über Josephs Haupt und über den Scheitel des Nazaräers unter seinen Brüdern.

Alleluja, alleluja. V. Aus was immer für einer Not sie zu mir rufen, will ich sie erhören und will allezeit ihr Schirmer sein. Alleluja.

V. Mache, o Joseph, daß wir ein unschuldiges Leben führen, und sicher sei es allezeit durch deinen Schutz. Alleluja.

Evangelium. (Luk. 3, 21-23)

In jener Zeit, als alles Volk sich taufen ließ, geschah es, daß auch Jesus getauft wurde. Während er betete, öffnete sich der Himmel, und der Heilige Geist ließ sich in leiblicher Gestalt gleich einer Taube auf ihn herab, und eine Stimme erscholl vom Himmel: Du bist mein geliebter Sohn, an dir hab' ich mein Wohlgefallen. Jesus war, als er anfing zu lehren, ungefähr dreißig Jahre alt und wurde für einen Sohn Josephs gehalten.

Offertorium. Ps. 147. Lauda, Jerusalem, Dominum, quoniam confortavit seras portarum tuarum: benedixit filiis tuis in te. Alleluja, alleluja.

Opferung. Lobe den Herrn, Jerusalem, denn gefestigt hat er deiner Tore Riegel, gesegnet Deine Kinder in Dir. Alleluja, alleluja.

Secreta. Sanctissimae Genitricis tuae sponsi patrocinio suffulti, rogamus, Domine, clementiam tuam: ut corda nostra facias terrena cuncta despicere, ac te verum Deum perfecta caritate diligere: Qui vivis et regnas etc.

Stillgebet. Auf den Schutz des Bräutigams Deiner heiligsten Gebärerin und stützend, flehen wir, o Herr, zu Deiner Güte: mache, daß unsere Herzen alles Irdische verachten und Dich, den wahren Gott, mit vollkommener Liebe lieben. Der du lebst ect.

Communio. Matthäus I. Jacob autem genuit Joseph, virum Mariae, de qua natus est Jesus, qui vocatur Christus. Alleluja, alleluja.

Jakob aber zeugte Joseph, den Mann Mariens, von welcher geboren worden Jesus, der genannt wird Christus. Alleluja, alleluja.

Postcommunio. Divini muneris fonte refecti, quaesumus, Domine, Deus noster: ut, sicut nos facis beati Joseph protectione gaudere; ita,

Schlußgebet. Durch den Gnadenquell der göttlichen Gabe erquickt, bitten wir, o Herr, unser Gott: mach uns, wie du uns jetzt durch den

ejus meritis et intercessione, caelestis gloriae facias esse participes. Per Dominum etc.	Schutz des hl. Joseph erfreust, so dereinst kraft seiner Verdienste und Fürsprache der ewigen Glorie teilhaftig. Durch unsern Herrn.

Vesper am
Feste des hl. Joseph

Zur ersten Vesper

Pater noster. Ave Maria. (secreto).	Vater unser... Gegrüßet seist du (still).
V. Deus, in adiutorium meum intende.	V. Gott, merke auf meine Hilfe.
R. Domine, ad adiuvandum me festina.	R. Herr, eile mir zu helfen.
Gloria Patri et Filio et Spiritui Sancto. Sicut erat in principio et nunc, et semper, et in saecula saeculorum. Amen.	Ehre sei dem Vater und dem Sohne und dem Heiligen Geiste. Wie es war im Anfang, so auch jetzt und allezeit und zu ewigen Zeiten. Amen.
Laus tibi, Domine, Rex aeternae Gloriae.	Preis sei Dir, Christus, Du König der ewigen Herrlichkeit.
Antiphona 1. Jacob autem genuit Joseph, virum Mariae, de qua natus est Jesus, qui vocatur Christus.	**1. Ant.** Jakob aber zeugte Joseph, den Mann Mariä, von welcher geboren ist Jesus der genannt wird Christus.

I. Psalm 109. Dixit Dominus.

Dixit Domino domino meo: * Sede a dextris meis: Donec ponam	Es sprach der Herr zu meinem Herrn: Setze dich zu meiner rechten, bis

inimicos tuos * scabellum pedum tuorum.

Virgam virtutis tuae emittet Dominus ex Sion: * dominare in medio inimicorum tuorum.

Tecum principium in die virtutis tuae, in splendoribus Sanctorum: * ex utero ante luciferum genui te.

Juravit Dominus et non poenitebit eum: * Tu es sacerdos in aeternum secundum ordinem Melchisedech.

Dominus a dextris tuis * confregit in die irae suae reges.

Iudicabit in nationibus, implebit ruinas: * conquassabit capita in terra multorum.

daß Ich lege deine Feinde zum Schemel deiner Füße.

Das Zepter deiner Macht, der Herr entsendet es aus Sion; so herrsche in Mitte deiner Feinde.

Mit Dir ist Herrschermacht am Tage deiner Kraft, im Glanze der Heiligen; denn aus dem Schoße hab' Ich vor dem Morgenstern Dich gezeugt.

Geschworen hat der Herr, nicht wird's Ihn reuen: Du bist auf ewig Priester nach der Ordnung des Melchisedech.

Der Herr zu deiner Rechten zermalmt am Tage seines Zornes Könige.

Gericht unter Völkern hält Er, macht voll den Sturz, zerschellt die Häupter weit und breit auf Erden.

De torrente in via bibet: * propterea exaltabit caput. Gloria Patri.	Vom Bache trinkt Er auf dem Wege, drum wird Er hoch sein Haupt erheben. Ehre sei.
Antiphona 1. Jacob autem genuit Joseph, virum Mariae, de qua natus est Jesus, qui vocatur Christus.	**1. Ant.** Jakob aber zeugte Joseph, den Mann Mariä, von welcher geboren ist Jesus, der genannt wird Christus.
Antiphona 2. Missus est * Angelus Gabriel a Deo ad Virginem desponsatam viro, cui nomen erat Joseph, de domo David: et nomen Virginis Maria.	**2. Ant.** Der Engel Gabriel wurde von Gott zu einer Jungfrau gesandt, die mit einem Manne verlobt war, welcher Joseph hieß, aus dem Hause Davids, und der Name der Jungfrau war Maria.

II. Psalm 110. Confitebor

Confitebor tibi, Domine, in toto corde meo: * in consilio iustorum et congregatione.	Ich will Dich preisen, Herr, von meinem ganzen Herzen, in der Gerechten Rat, und der Gemeinde.
Magna opera Domini: * exquisita in omnes voluntates ejus.	Groß sind des Herrn Werke, erlesen ganz nach seinem Liebeswillen.
Confessio et magnificentia opus ejus: * et iustitia ejus manet in saeculum saeculi.	Lobpreislich ist sein Tun und majestätisch und seine Gerechtigkeit währet ewiglich.

Memoriam fecit mirabilium suorum misericors et miserator Dominus: * escam dedit timentibus se.

Memor erit in saeculum testamenti sui: * virtutem operum suorum annuntiabit populo suo:

Ut det illis haereditatem gentium: * opera manuum ejus veritas et iudicium.

Fidelia omnia mandata ejus, confirmata in saeculum saeculi: * facta in veritate et aequitate.

Redemptionem misit populo suo: * mandavit in aeternum testamentum suum.

Sanctum et terribile nomen ejus: * initium sapientiae timor domini.

Intellectus bonus omnibus facientibus eum: * laudatio ejus manet in saeculum saeculi. Gloria Patri.

Ein Denkmal seiner Wunder stiftete der Herr, der gütige, erbarmende; Speise gab er denen, die Ihn fürchten.

Er denkt ewig seines Bundes, gab seiner Taten Kraft kund seinem Volke.

Da Er der Heiden Erde ihnen gab; die Werke seiner Hände sind Treue und Gerechtigkeit.

Verlässig sind all seine Satzungen, gefestigt ewiglich, gemacht in Wahrheit und Gerechtigkeit.

Erlösung hat er seinem Volke gesendet, bestellt auf ewig seinen Bund.

Heilig und furchtbar ist sein Name; der Weisheit Anfang ist die Furcht des Herrn.

Heilvolle Einsicht haben alle, die danach handeln; Gottes Lob währt ewiglich. Ehre sei.

Antiphona 2. Missus est Angelus Gabriel a Deo ad Virginem desponsatam viro, cui nomen erat Joseph, de domo David: et nomen Virginis Maria.

2. Ant. Der Engel Gabriel wurde von Gott zu einer Jungfrau gesandt, die mit einem Manne verlobt war, welcher Joseph hieß, aus dem Hause Davids, und der Name der Jungfrau war Maria.

Antiphona 3. Cum esset * desponsata Mater Jesu Maria Joseph, antequam convenirent, inventa est in utero habens de Spiritu Sancto.

3. Ant. Als die Mutter Jesu, Maria, mit Joseph vermählt war, fand es sich, ehe sie zusammenkamen, daß sie vom Heiligen Geiste empfangen hatte.

III. Psalm 111. Beatus vir.

Dieser Psalm verherrlicht den hl. Joseph ganz besonders: „Glanzfülle und Reichtum sind in seinem Hause und seine Gerechtigkeit besteht ewig" (siehe auch Versikel der 2. Vesper). Er hat in die Hütte von Nazareth jene heimgeführt, welche Himmel und Erde preisen als die glorreiche, gnadenvolle, mächtigste Jungfrau. In hl. Engelehe hat er sich verbunden, damit das ewige Wort durch die zwei jungfräulichen Herzen wie durch eine heilige Siegespforte seinen Einzug in die Schöpfung halte. Bildet aber schon Maria Josephs unvergleichlichen Ruhm und Reichtum, was ist dann erst in seinem Hause Jesus, der wesentliche Abglanz der göttlichen Herrlichkeit, dem der Vater alle Macht gegeben, den Er zum Erben über alles gesetzt, in den Er alle Schätze seiner Gottheit ausgegossen, Er, die Glorie

Israels! Josephs H a u s ist der Himmel auf Erden und unsere G o t t e s h ä u s e r, wo Jesus Christus, die G l o r i e Josephs und der katholischen Kirche wohnt, sind ein Abbild dieses Himmels. Und s e i n e G e r e c h t i g k e i t b e s t e h e t e w i g. Grundgelegt wird sie durch Josephs Bestimmung und Ausrüstung zu dem wunderbaren, erhabenen Amte. Den angemessenen Gnaden entspricht stets die hochherzigste Treue. Nach der gebenedeiten Gottesmutter ist der glorreiche Patriarch der Reinste in der Keuschheit, der Glühendste in der Gottesliebe, der Tiefste in der Demut, der Höchste in der Andacht (St. Bernhard). Und seine Gerechtigkeit, die Klugheit, Sanftmut, Milde, Geduld, alle Tugenden krönt die herrlichste Bewährung in mannigfacher Not und Betrübnis. Er ist immerdar g e r e c h t dem himmlischen Vater, dessen Stellvertreter, Schatzhüter und folgsamster Diener er ist; g e r e c h t seinem Pflegekinde, dem göttlichen Sohne, dem er in ehrerbietigster Anbetung und liebreichster Sorge ergeben; g e r e c h t dem göttlichen Geiste, dessen jungfräulich reiner Brautführer und Tempel er ist. Durch des Dreieinigen Huld b e s t e h e t s e i n e G e r e c h t i g k e i t e w i g l i c h. Sein Heils-, Freuden- und Ruhmes h o r n ist nach seinem gebenedeiten Tode in H e r r l i c h k e i t e r h ö h e t, so daß er im Himmel nach Jesus und Maria, den Pfändern seiner Liebe und väterlichen Fürsorge, die vollkommenste Seligkeit genießt und auf E r d e n i n s e i n e m erweiterten H a u s e, der heiligen Kirche, der treue Schützer des häuslichen, der treue Lenker des innerlichen Lebens, aller Familien und Seelen trauter Freund, Schirmer und B r o t v a t e r i s t.

Beatus vir, qui timet Dominum: * in mandatis ejus volet nimis.	Glückselig, wer den Herrn fürchtet, Lust hat an seinen Satzungen.
Potens in terra erit semen ejus: * generatio rectorum benedicetur.	Der Same wird voll Macht auf Erden sein! es wird der Redlichen Geschlecht gesegnet.
Gloria et divitiae in domo ejus: * et iustitia ejus manet in saeculum saeculi.	Glanzfüll' und Reichtum sind in seinem Hause, und seine Gerechtigkeit besteht ewig.
Exortum est in tenebris lumen rectis * misericors et miserator et iustus.	In Finsternis geht auf ein Licht den Redlichen, der Gnädige, Barmherzige, Gerechte.
Jucundus homo, qui miseretur et commodat † disponet sermones suos in iudicio: * quia in aeternum non commovebitur.	Beglückt der Mann, so Mitleid trägt und leihet; er ordnet seine Reden im Gerichte, denn ewiglich wird er nicht wanken.
In memoria aeterna erit iustus: * ab auditione mala non timebit.	In ewigem Gedächtnis bleibet der Gerechte; nicht darf er fürchten böse Kunde.
Paratum cor ejus sperare in Domino, confirmatum est cor ejus: * non commovebitur, donec despiciat inimicus suos.	Es ist gefaßt sein Herz zu hoffen auf den Herrn; gefestigt ist sein Herz; nicht wanket es, bis es auf seine Feinde niederschaut.

Dispersit, dedit pauperibus, iustitia ejus manet in saeculum saeculi: * cornu ejus exaltabitur in gloria.

Er streuet aus, er gibt den Armen, seine Gerechtigkeit bestehet ewig, zu Ehren wird sein Haupt erhoben.

Peccator videbit et irascetur, dentibus suis fremet et tabescet: * desiderium peccatorum peribit. Gloria Patri.

Der Sünder sieht's und zürnt; er knirscht mit seinen Zähnen und zergehet; der Sünder Streben geht zugrunde. Ehre sei.

Antiphona 3. Cum esset desponsata Mater Jesu Maria Joseph, antequam convenirent, inventa est in utero habens de Spiritu Sancto.

3. Ant. Als die Mutter Jesu, Maria, mit Joseph vermählt war, fand es sich, ehe sie zusammen kamen, daß sie vom Heiligen Geiste empfangen hatte.

Antiphona 4. Joseph, * vir ejus, cum esset iustus et nollet eam traducere, voluit occulte dimittere eam.

4. Ant. Joseph, ihr Mann, weil er gerecht war und sie nicht in übeln Ruf bringen wollte, gedachte sie heimlich zu entlassen.

IV. **Psalm 112. Laudate, pueri, Dominum.**

Laudate, pueri, Dominum, * laudate nomen Domini.

Lobet den Herrn, ihr seine Diener, lobet den Namen des Herrn.

Sit nomen Domini benedictum, * ex hoc nunc et usque in saeculum.

Des Herrn Name sei gebenedeit, von nun an bis in Ewigkeit.

A solis ortu usque ad occasum * laudabile nomen Domini.	Vom Sonnenaufgang bis zum Niedergang sei gelobet der Name des Herrn.
Excelsus super omnes gentes Dominus, * et super coelos gloria ejus.	Erhaben über alle Völker ist der Herr, und seine Herrlichkeit, sie überragt die Himmel.
Quis sicut Dominus Deus noster, qui in altis habitat, * et humilia respicit in coelo et in terra?	Wer ist wie unser Gott, der Herr, der in den Höhen wohnt und auf das Nied're schaut im Himmel und auf Erden?
Suscitans a terra inopem, * et de stercore erigens pauperem.	Er ist es, der vom Staub empor den Dürftigen richtet und aus dem Kot erhebt den Armen.
Ut collocet eum cum principibus * cum principibus populi sui.	Um neben Fürsten ihn zu setzen, neben seines Volkes Fürsten.
Qui habitare facit sterilem in domo * matrem filiorum laetantem.	Der wohnen macht im Haus die Unfruchtbare als frohe Mutter vieler Kinder.
Gloria Patri.	Ehre sei.
Antiphona 4. Joseph, vir ejus, cum esset iustus et nollet eam traducere, voluit occulte dimittere eam.	**4. Ant.** Joseph, ihr Mann, weil er gerecht war und sie nicht in übeln Ruf bringen wollte, gedachte sie heimlich zu entlassen.
Antiphona 5. Angelus * Domini apparuit Joseph,	**5. Ant.** Der Engel des Herrn erschien Joseph

dicens: Joseph fili David, noli timere accipere Mariam conjugem tuam; quod enim in ea natum est, de Spiritu Sancto est: pariet autem filium, et vocabis nomen ejus Jesum.

und sprach: Joseph, Sohn Davids, fürchte nicht, Maria, dein Weib zu dir zu nehmen; denn was in ihr geboren ist, das ist vom Heiligen Geiste: sie wird aber einen Sohn gebären, und du wirst seinen Namen Jesus nennen.

V. Psalm 115. Laudate Dominum, omnes gentes.

Laudate dominum omnes gentes; * laudate eum, omnes populi.

Lobet den Herrn all ihr Nationen, lobet Ihn, ihr Völker all!

Quoniam confirmata est super nos misericordia ejus: * et veritas Domini manet in aeternum. Gloria Patri.

Denn fest steht sein Erbarmen über uns, und ewig währt des Herrn Treue. Ehre sei.

Antiphona 5. Angelus Domini apparuit Joseph, dicens: Joseph fili David, noli timere accipere Mariam conjugem tuam; quod enim in ea natum est, de Spiritu Sancto est: pariet autem filium, et vocabis nomen ejus Jesum.

5. Ant. Der Engel des Herrn erschien Joseph und sprach: Joseph, Sohn Davids, fürchte nicht, Maria, dein Weib zu dir zu nehmen; denn was in ihr geboren ist, das ist vom Heiligen Geiste: sie wird aber einen Sohn gebären, und du wirst seinen Namen Jesus nennen.

Kapitel. (Sprichw. 28 und 27)

Vir fidelis multum laudabitur. Et qui custos est Domini sui, glorificabitur.

R. Deo gratias.

Ein treuer Mann wird viel gerühmt. Und wer der Hüter seines Herrn ist, gelangt zu Ehren.

R. Gott sei Dank.

Hymnus

Te, Joseph, celebrent agmina coelitum,
Te cuncti resonent christiadum chori,
Qui clarus meritis, iunctus es inclytae
Casto foedere Virgini.

Almo cum tumidam germine conjugem
Admirans, dubio tangeris anxius,
Afflatu superi Flaminis
Angelus Conceptum puerum docet.

Tu natum Dominum stringis, ad exteras
Aegypti profugum tu sequeris plagas;

Dich, Joseph, feiern preisend der Himmelsbürger Chöre, * die Christenscharen alle lobsingen deiner Ehre: * Dich, den reich an Verdiensten, der Magd, die Gott erwählet, * Ein keuscher Bund vermählet.

Dir, als die Frucht, die hehre, ihr reiner Schoß umhüllte, * Löst Engels Mund den Zweifel, der dir das Herz erfüllte, * Spricht: Wiß', es ist das Knäblein — verscheuche Furcht und Bangen — * Vom Heil'gen Geist empfangen.

Du, als der Herr geboren, pflegst treu des Kindes mit Freuden, * Stehst zum Ägyptenlande

Amissum Solymis quaeris et invenis,
Miscens gaudia fletibus.

Post mortem reliquos mors pia consecrat,
Palamque emeritos gloria suscipit:
Tu vivens, Superis par, frueris Deo,
Mira sorte beatior.

Nobis, summa Trias, parce precantibus.
Da Joseph meritis sidera scandere:
Ut tandem liceat nos tibi perpetim
Gratum promere canticum. Amen.

V. Constituit eum Dominum domus suae.

R. Et principem omnis possessionis suae.

Ihm auf der Flucht zur Seiten. * Suchst den Verlornen, find'st Ihn im Tempel, und zur Stunden * Ist Sorg' und Angst entschwunden.

Wohl schmückt nach sel'gem Tode des ew'gen Lebens Krone * Die andern, und die Palme wird treuem Kampf zum Lohne: * Du schon im Leben schauest, den Engeln gleich, entzücket * Den Herrn an, hoch beglücket.

Hör, o dreiein'ge Gottheit, erbarmend unser Flehen, * Nimm uns um Josephs willen auf zu den sel'gen Höhen: * Daß wir mit deinen Heilgen und aller Engel Chören * dein ew'ges Lob vermehren. Amen.

V. Er bestellte ihn zum Herrn über sein Haus.

R. Und zum Fürsten über all sein Besitztum.

Antiphon zum Magnifikat

Exsurgens Joseph * a somno, fecit sicut

Joseph erhob sich vom Schlafe und tat, wie der

| praecepit ei Angelus Domini, et accepit conjugem suam. | Engel des Herrn ihm befohlen hatte, und nahm sein Weib an. |

Magnifikat oder Lobgesang Mariä

| Magnificat * anima mea Dominum. | Hoch preiset meine Seele den Herrn, |

| Et exsultavit spiritus meus * in Deo, salutari meo. | Und es frohlockt mein Geist in Gott, meinem Heilande! |

Quia respexit humilitatem ancillae suae: * ecce enim, ex hoc beatam me dicent omnes generationes.

Denn er hat angesehen die Niedrigkeit seiner Magd: siehe von nun an werden mich selig preisen alle Geschlechter.

Quia fecit mihi magna, qui potens est, * et sanctum nomen ejus.

Denn Großes hat an mir getan, der da mächtig und dessen Namen heilig ist.

Et misericordia ejus a progenie in progenies * timentibus eum.

Seine Barmherzigkeit waltet von Geschlecht zu Geschlecht für die, so Ihn fürchten.

Fecit potentiam in brachio suo, * dispersit superbos mente cordis sui.

Er übt Macht mit seinem Arme, zerstreuet, die da stolzen Herzen sind.

Deposuit potentes de sede * et exaltavit humiles.

Die Gewaltigen stürzt er vom Throne und erhöhet die Niedrigen.

Esurientes implevit bonis, * et divites dimisit inanes.

Suscepit Israel, puerum suum, * recordatus misericordiae suae.

Sicut locutus est ad patres nostros, * Abraham et semini ejus in saecula. Gloria Patri.

Antiphona. Exsurgens Joseph a somno, fecit sicut praecepit ei Angelus Domini, et accepit conjugem suam.

V. Dominus vobiscum.

R. Et cum spiritu tuo.

Oratio. Santissimae Genitricis tuae Sponsi, quaesumus Domine, meritis adiuvemur: ut quod possibilitas nostra non obtinet, ejus nobis intercessione donetur. Qui vivis et regnas cum Deo Patre in unitate Spiritus Sancti Deus: per

Die Hungrigen erfüllt Er mit Gütern, die Reichen läßt Er leer ausgehen.

Er nimmt sich Israels an, seines Knechtes, eingedenk seiner Barmherzigkeit.

Wie Er zu unseren Vätern gesprochen, zu Abraham und seinen Nachkommen auf ewig. Ehre sei.

Ant. Joseph erhob sich vom Schlafe und tat, wie der Engel des Herrn ihm befohlen hatte, und nahm sein Weib an.

V. Der Herr sei mit euch.

R. Und mit deinem Geiste.

Gebet. Wir bitten Dich, o Herr, laß uns durch die Verdienste des Bräutigams deiner allerheiligsten Gebärerin geholfen werden, damit, was unser eigenes Vermögen nicht erhalten kann, uns durch seine Fürbitte geschenkt werde. Der Du lebst und regierst mit Gott

omnia saecula saeculorum.	dem Vater in Einigkeit des Heiligen Geistes, Gott von Ewigkeit zu Ewigkeit.
R. Amen.	R. Amen.
V. Dominus vobiscum. R. Et cum spiritu tuo.	V. Der Herr sei mit euch. R. Und mit deinem Geiste.
V. Benedicamus Domino. R. Deo gratias.	V. Preisen wir den Herrn. R. Gott sei Dank.
V. Fidelium animae per misericordiam Dei requiescant in pace.	V. Die Seelen der Christgläubigen mögen durch die Barmherzigkeit Gottes ruhen im Frieden.
R. Amen.	R. Amen.
Pater noster (secreto).	Vater unser (still)

Hierauf folgt die marianische Schlußantiphon.

Zur zweiten Vesper

Antiphona 1. Ibant parentes Jesu * per omnes annos in Jerusalem, in die solemni Paschae.	**1. Ant.** Die Eltern Jesu gingen alljährlich auf das Osterfest nach Jerusalem.
Antiphona 2. Dum redirent, * remansit puer Jesus in Jerusalem, et non cognoverunt parentes ejus.	**2. Ant.** Als sie zurückkehrten, blieb der Knabe Jesus in Jerusalem, ohne daß seine Eltern es wußten.
Antiphona 3. Non invenientes Jesum, * regressi sunt in	**3. Ant.** Da sie Jesum nicht fanden, kehrten sie nach Jerusalem zurück und

Jerusalem, requirentes eum; et post triduum invenerunt illum in templo sedentem in medio doctorum, audientem et interrogantem eos.

suchten Ihn; und nach drei Tagen fanden sie Ihn im Tempel, wie er inmitten der Lehrer saß, ihnen zuhörte und sie fragte.

Antiphona 4
Dixit mater ejus * ad illum: Fili, quid fecisti nobis sic? Ecce pater tuus et ego dolentes quaerebamus te.

4. Ant.
Da sprach seine Mutter zu Ihm: Sohn, warum hast Du uns das getan? Siehe, dein Vater und ich haben Dich mit Schmerzen gesucht.

Antiphona 5
Descendit Jesus * cum eis, et venit Nazareth, et erat subditus illis.

5. Ant.
Jesus ging mit ihnen hinab und kam nach Nazareth und war ihnen untertan.

Nach dem Hymnus

V. Gloria et divitiae in domo ejus.

V. Ehre und Reichtum ist in seinem Hause.

R. Et iustitia ejus manet in saeculum saeculi.

R. Und seine Gerechtigkeit währt ewiglich.

Antiphon zum Magnifikat

Ecce fidelis servus * et prudens, quem constituit Dominus super familiam suam.

Siehe, der getreue und kluge Knecht, welchen der Herr über seine Familie bestellt hat.

Vesper
am
Schutzfest des hl. Joseph

Dupl. I. cl.

Zur ersten und zweiten Vesper

Die Psalmen wie am Feste des hl. Joseph

Antiphona 1. Jacob autem * genuit Joseph, virum Mariae, de qua natus est Jesus, qui vocatur Christus, alleluja.

1. Ant. Jakob aber zeugte Joseph, den Mann Mariä, von welcher geboren ist Jesus, der genannt wird Christus, alleluja.

Antiphona 2. Missus est * Angelus Gabriel a Deo in civitatem Galilaeae, cui nomen Nazareth, ad Virginem desponsatam viro, cui nomen erat Joseph, alleluja.

2. Ant. Der Engel Gabriel ward von Gott gesandt in eine Stadt Galiläas, mit Namen Nazareth, zu einer Jungfrau, welche mit einem Manne, Joseph mit Namen, verlobt war, alleluja.

Antiphona 3. Ascendit autem * Joseph a Galilaea de civitate Nazareth in Judaeam, in civitatem David, quae vocatur Bethlehem, alleluja.

3. Ant. Es ging aber Joseph von Galiläa, aus der Stadt Nazareth, hinauf nach Judäa, in die Stadt Davids, welche Bethlehem genannt wird, alleluja.

Antiphona 4. Et venerunt * festinantes, et invenesunt Mariam et Joseph et infantem positum in praesepio, alleluja.

4. Ant. Und sie kamen eilends und fanden Maria und Joseph und das Kind, das in der Krippe lag, alleluja.

Antiphona 5. Et ipse Jesus * erat incipiens quasi annorum triginta, ut putabatur filius Joseph, alleluja.

5. Ant. Und Jesus war, als er anfing (zu lehren), ungefähr dreißig Jahre alt, und wurde für den Sohn Josephs gehalten, alleluja.

Kapitel (Gen. 47)

Benedictiones patris tui confortatae sunt benedictionibus patrum ejus: donec veniret desiderium collium aeternorum: fiant in capite Joseph et in vertice Nazaraei inter fratres suos.

Der Segen deines Vaters wird übertreffen den Segen seiner Väter, bis da kommt das Verlangen der ewigen Hügel; er komme über Josephs Haupt und über den Scheitel des Nazaräers unter seinen Brüdern.

Hymnus Te Joseph
wie am Fest des heiligen Joseph

In der ersten Vesper

V. Constituit eum dominum domus suae, alleluja.

V. Er bestellte ihn zum Herrn seines Hauses, alleluja.

R. Et principem omnis possessionis suae, alleluja.

R. Und zum Fürsten über sein Besitztum, alleluja.

Antiphon zum Magnifikat

Cum esset desponsata * Mater Jesu Maria Joseph, antequam convenirent, inventa est in utero habens de Spiritu Sancto, alleluja.

Als Maria, die Mutter Jesu mit Joseph verlobt war, fand es sich, ehe sie zusammenkamen, daß sie vom Heiligen Geist empfangen hatte, alleluja.

In der zweiten Vesper

V. Sub umbra illius, quem desideraveram, sedi, alleluja.

V. Unter dem Schatten dessen, den ich ersehnt hatte, sitze ich, alleluja.

R. Et fructus ejus dulcis gutturi meo, alleluja.

R. Und seine Früchte sind süß meinem Gaumen, alleluja.

Antiphon zum Magnifikat

Fili, quid fecisti nobis sic? Ecce pater tuus et ego dolentes quaerebamus te, alleluja.

Sohn, warum hast Du uns das getan? Siehe, dein Vater und ich haben Dich mit Schmerzen gesucht, alleluja.

Oratio. Deus, qui ineffabili providentia beatum Joseph sanctissimae Genitricis tuae Sponsum eligere dignatus es, praesta

Gebet. O Gott, der Du in deiner unaussprechlichen Vorsehung den hl. Joseph zum Bräutigam deiner heiligsten Mutter zu erwählen Dich

| quaesumus, ut quem protectorem veneramur in terris, intercessorem habere mereamur in coelis. Qui vivis etc. | gewürdigt hast, verleihe, daß wir ihn, den wir auf Erden als unsern Beschützer verehren, auch als Fürsprecher im Himmel zu haben verdienen. Der Du lebst ect. |

Andachtsübungen
zur
heiligen Beichte

Erinnerung. – Stelle dir vor, als wenn diese Beichte die letzte deines Lebens wäre. Erforsche sorgfältig dein Gewissen, jedoch ohne Ängstlichkeit; denn Gott fordert nicht Unmögliches von den Menschen, und jene Sünden, die bei sorgfältiger Gewissenserforschung dem Beichtenden nicht in den Sinn kommen, sind in der hl. Beichte eingeschlossen.

Bitte um die Gnade, recht zu beichten.

Allerheiligste Dreifaltigkeit, Gott Vater, Sohn und Heiliger Geist! Ich armer Sünder werfe mich nieder vor dem Throne Deiner Barmherzigkeit. Ach Gott! Ich habe gesündigt, oft gesündigt in meinem Leben, und auch seit meiner letzten Beichte wieder gesündigt. Gib mir nun, o Gott, die Gnade einer wahren Buße, die Gnade, durch eine gültige Beichte mich mit Dir wieder zu versöhnen. Jesus, Du wahres Licht der Welt, erleuchte mein Gedächtnis und meinen Verstand, damit ich meine Sünden recht erkenne. Jesus, Du Gott meines Herzens, rühre mein Herz, damit ich alle meine Sünden recht bereue. Jesus, Du ewiges Wort des Vaters, regiere meine Zunge, damit ich meine Sünden aufrichtig beichte. Hl. Joseph, bitte für mich, damit ich wahre Buße wirken möge.

Gewissenserforschung

1. **Sünden in Gedanken:** Durch argwöhnische, eitle, frevelhafte, geizige, lieblose, leichtsinnige, lästerliche, mürrische gegen Gott, neidische und mißgünstige, schadenfrohe, stolze, unkeusche, vorwitzige, verzagte, zornige, zweifelhafte in Glaubenssachen.

2. **In Worten:** Durch ehrabschneiderische, fluchende, höhnische, lügnerische, ohrenbläserische, ruhmsüchtige, schmeichelhafte, unkeusche, unbescheidene, unanständige, verleumderische, verstellte, verächtliche, zänkische.

3. **In Werken:** Durch ärgerliche, boshafte, geizige, ungehorsame, gewalttätige, gottesschänderische, schädliche, träge, ungerechte, unkeusche.

4. **Durch Unterlassung:** Durch Versäumung des Almosens, der Besserung, der Buße, des Fastens, des Gebetes, des Gottesdienstes, der Standespflichten, der hl. Sakramente oder der würdigen Vorbereitung zu denselben.

Reue

Erinnerung. – Die größte Sorgfalt erfordert die Reue. Mögen Gewissenserforschung und Beichte noch so gut sein, ohne wahre Reue sind sie fruchtlos. Wahre Reue ist Schmerz des Herzens (der Seele) über die begangenen Sünden, mit dem ernstlichen Vorsatze, dieselben nicht mehr zu begehen. Deswegen muß man die Gründe zur Reue wohl erwägen, um im Herzen einen Reueschmerz zu erwecken und einen ersten Besserungsvorsatz zu fassen.

Beweggründe der Reue

Darum, o Christ, steige hinauf im Geiste in den Himmel und betrachte die unaussprechlichen Freuden der Heiligen. Der Himmel ist der Ort, wo keine Leiden, kein Schmerz, kein Tod mehr ist, sondern Friede, Freude und Seligkeit in Gott und mit Gott, und zwar auf ewig. Und – nun bedenke: Diese Freude, diese Glorie ist für den, der in der Todsünde stirbt, für ewig verloren.

Steige dann hinab in die Hölle. Stelle dir vor den Jammer, das Elend, die Qual im verzehrenden Feuer; stelle dir vor das Weheklagen, Heulen und Verfluchen der Verdammten. Gedenke, daß diese Peinen ewig sind und daß es keine Erlösung, kein Erbarmen mehr für die Verdammten gibt. Dieses wäre deine Wohnung, wenn du in einer Todsünde gestorben wärest – deine Wohnung auf ewig.

Steige nun hinan auf den Kalvarienberg, siehe da am Kreuz Jesu deinen Erlöser in Schmerz und schrecklicher Todesangst. Sieh auf Ihn: für dich ist sein Leib von Wunden zerrissen, für dich trägt Er die Dornenkrone, für dich sind seine Hände und Füße mit Nägeln durchbohrt.

Alles dies hat er gelitten aus Liebe zu Dir, um dich zu retten; aber alle Verdienste seines Leidens wären für dich verloren, wenn du in der Sünde gestorben wärest.

Und nun knie dich noch hin vor den Tabernakel, wo Jesus verborgen wohnt und dich jetzt sieht. Er hat für dich gebetet an jenen Tagen und in jenen Nächten, als du den Sünden nachgingest, Er hat für dich zu seinem Vater um Barmherzigkeit gefleht, sonst wärest du vielleicht schon längst in der Hölle. Staune über seine Liebe. Zum Danke verfluche und beweine deine Sünden, hasse und verabscheue sie von Grund deines Herzens und fasse einen ernstlichen und bestimmten Vorsatz der Besserung.

Reuegebet

O unendlich gütiger Heiland, ich kehre zu Dir zurück; ich bereue und hasse für jetzt und allezeit von ganzem Herzen alle Sünden meines ganzen Lebens, besonders alle und jede, die ich seit meiner letzten Beichte wieder begangen habe. Ich bereue sie besonders darum, weil ich Dich, mein höchstes Gut und meinen liebenswürdigsten Vater, beleidigt habe. Unbeschreiblich groß war der Schmerz, mit welchem Dein hl. Nährvater Deinen Verlust beweinte, obwohl er Dich ohne seine Schuld verloren hatte. O daß mein Schmerz noch weit größer wäre, da ich Dich, o Jesus, meine Liebe, aus freier Bosheit aus meinem Herzen verstoßen habe. O sei mir Sünder gnädig!

Nimmermehr, ewig nimmermehr will ich freiwillig sündigen; lieber will ich sterben, als eine Sünde begehen. Ja, o mein Gott, durch die Fürbitte Deiner schmerzhaften Mutter und des hl. Joseph bitte ich Dich, laß mir durch das hl. Bußsakrament Verzeihung meiner Sünden angedeihen und mich dann in Deiner Gnade verharren bis ans Ende. Amen.

Die heilige Beichte

Erinnerung. – Wenn dein Herz in der gehörigen Verfassung ist, so beichte nun deine Sünden dem Priester reumütig, aufrichtig, mit kurzen Worten. Betrachte den Priester nur als Stellvertreter Jesu Christi und überwinde zu Ehren Mariä und des hl. Joseph alle falsche Scham.

Dankgebet nach der Beichte zum hl. Joseph

Ich wende mich nun zu dir, o hl. Joseph, und danke dir recht vom Grunde des Herzens; ich bin durch die Fürbitte Mariä, deiner reinsten Braut, und durch deine Fürbitte jener Freude teilhaftig geworden, welche dein Herz durchdrang, als du deinen Jesus wiedergefunden hast. Auch ich habe Jesus wiedergefunden, den meine Seele liebt. O daß ich Ihn nie mehr verlieren möchte! Ich will Ihn mit den Armen der Liebe umfassen, keine sündhafte Begierde soll mich von Ihm mehr trennen, Dir, o hl. Joseph, empfehle ich meine, durch die Gnade Gottes jetzt gereinigte Seele. Wenn mich eine gefährliche Versuchung um das Leben der Gnade bringen will, so erhalte mich in deinem väterlichen Schutze, damit ich unter deiner Leitung meinen Gott jetzt in der Zeit und einst in Ewigkeit aufs inbrünstigste lieben möge. Amen.

Verrichte die auferlegte Buße mit Andacht und Aufmerksamkeit.

Kommuniongebete

Erinnerung. – Der heiligste und gesegneteste Augenblick deines Lebens ist jener, wo du kommunizierst. Bereite dich also darauf vor mit aller möglichen Andacht, dann wird dir die hl. Kommunion sein: das Leben der Seele, die Arznei gegen die Sünde, das Siegel der Auserwählung. Kommuniziere aber recht oft, so oft als es dir dein Beichtvater erlaubt. Lebe so, daß du täglich kommunizieren könntest; also spricht der hl. Augustin, also wünscht es die katholische Kirche.

Gebet um die Gnade, würdig zu kommunizieren

Du willst, o Herr Jesus Christus, daß ich dein Fleisch und Blut oft empfangen soll; darum erhöre mein flehentliches Gebet und bereite Du selbst Dir mein Herz zur würdigen Wohnung.

Verleihe mir die Gnade, daß dieses hochheilige Sakrament für mich wahrhaft eine Speise des Lebens werde.

Unbefleckte Jungfrau, die du von Gott würdig befunden worden bist, Jesum Christum durch die Kraft des Heiligen Geistes in deinen reinsten Schoß zu empfangen: erlange mir die Gnade, daß auch ich Ihn in diesem allerheiligsten Sakramente würdig empfangen und in meinem Herzen tragen möge.

Stehe auch du mir bei, o mein hl. Schutzengel und begleite mich zum Tische meines Erlösers.

O hl. Joseph und ihr, Heilige Gottes alle, die ihr von Angesicht zu Angesicht denjenigen sehet, den wir in diesem Sakramente unter der Gestalt des Brotes verborgen empfangen, eilet zu meinem Beistande herbei und bereitet mein Herz, damit ich wie ihr in seinem Besitze meine ganze Seligkeit finden möge.

Glaube. O Jesus, ewige Wahrheit, obschon ich Dich in dem allerheiligsten Sakramente, das ich jetzt empfangen will, nicht wahrnehme, so glaube ich dennoch, daß Du wirklich, wahrhaft und wesentlich in demselben gegenwärtig bist, derselbe Gottmensch, den Maria, die unbefleckte Jungfrau, geboren hat, der für uns am Kreuze gestorben ist, und jetzt zur Rechten des Vaters sitzet. Ich glaube dies, o Jesus, weil Du, die ewige Wahrheit, gesagt hast: „Nehmet hin und esset, das ist mein Leib." Auf Dein Wort glaube ich es, o Herr! Aber komm der Schwachheit meines Glaubens zu Hilfe. Durch die Fürbitte Deines Nährvaters, des hl. Joseph, stärke meinen Glauben.

Anbetung. Ich bete Dich, o Jesus, in diesem allerheiligsten Geheimnisse in tiefster Ehrfurcht an, als meinen Herrn und Gott. Ach, könnte ich mit eben der Demut und Inbrunst Dich anbeten, wie Maria, Deine allerseligste Mutter, wie Joseph, Dein hl. Nährvater, die Hirten Bethlehems und die Weisen des Morgenlandes Dich als neugeborenes Kind einst angebetet haben, und wie jetzt die hl. Engel im Himmel und hier in diesem Sakramente Dich anbeten. Gib, daß mein ganzes Leben eine ununterbrochene Anbetung Deiner allerhöchsten Majestät sei.

Demut und Vertrauen. Wenn ich, o Jesus, meine Niedrigkeit und die zahllose Menge meiner Sünden erwäge, so gerät mein Herz in Angst und Verwirrung und ich möchte mich aus Ehrfurcht von Dir entfernen; allein entferne ich mich von Dir, so gehe ich zu Grunde; empfange ich Dich aber unwürdig, so esse ich das Gericht und die ewige Verdammnis in mich. Sieh, o Herr, in dieser Bedrängnis bekenne ich demütig vor dir mein Elend und meine Unwürdigkeit. Wenn ich auch tausende Jahre mich vorbereiten würde, so würde ich doch nicht würdig werden, denn du, o Jesus, bist der unendlich heilige Gott. Weil du aber selbst zu diesem hl. Gastmahle mich einladest, weil Du mir sogar mit dem ewigen Tode drohest, wenn ich bei demselben nicht erscheine, so trete ich hinzu und je größer mein Elend ist, desto mehr will ich auf Dich vertrauen. O Herr, ich bin nicht würdig, aber sprich nur ein Wort, so wird meine Seele gesund.

Auf dich, o Herr, habe ich gehofft, ich werde nicht zu Schanden werden. O mein Jesus, durch die Fürbitte Deines heiligen Nährvaters Joseph gib mir Demut und Vertrauen.

Liebe. O mein Jesus, o wenn ich Dich doch ebenso eifrig und innigst lieben könnte, wie Dich Maria, Deine Mutter, und der hl. Joseph, Dein liebevoller Pflegevater, geliebt haben. Mit ihrer Liebe, ja mit der Liebe Deines göttlichen Herzens selbst, o mein Heiland, vereinige ich meine laue Liebe. Ach, entzünde auch in mir das Feuer Deiner göttlichen Liebe immer mehr und mehr. O Jesus, ich bereue heute ganz besonders alle Unehrerbietigkeit und Unbilden, die ich Dir in dem allerheiligsten Altarsakramente, in diesem Geheimnis der Liebe, zugefügt habe. O Jesus, meine Liebe, keine Sünde mehr; stärke mich, o Jesus, mit Deiner Gnade; lieber will ich nicht leben, als Dich, o mein Jesus, nicht lieben.

Verlangen. So komme denn, o Jesus, in mein Herz! Komme, Du liebreichster Freund meiner Seele, o Jesus, und erfülle sie mit Deinen Gnaden und mit Dir selbst! Heiliger Joseph, liebster Schutzpatron, o Maria, du meine Mutter, ersetzet, was mir an Reinheit, an festem Glauben und Hoffnung und kindlicher Liebe abgeht. Verlasset mich nicht, o Maria und Joseph, bei diesem wichtigsten Geschäfte meines Lebens.

Unmittelbar vor der hl. Kommunion.

O Du Lamm Gottes, welches hinwegnimmt die Sünden der Welt, erbarme Dich unser! O Herr, ich bin nicht würdig, daß Du eingehst unter mein Dach, sondern sprich nur ein Wort, so wird gesund meine Seele!

Nach der hl. Kommunion

Erinnerung. – Nach der hl. Kommunion soll die Seele voll des lebhaften Glaubens sich mit Jesus unterhalten. Kein Gebet ist Gott angenehmer, als jenes, welches man als Danksagung für die hl. Kommunion verrichtet.

Bewunderung. O Jesus, Du bist zu mir gekommen! Du bist in meine dürftige, mit tausend Schwachheiten belastete Seele eingekehrt! Wer kann die Größe Deiner Liebe ermessen!

Anbetung. O mein Herr und mein Gott, ich bete Dich in heiliger Entzückung in meinem Herzen an. Du allein bist würdig, Preis, Ruhm und Ehre zu empfangen. O ihr hl. Engel, Maria und Joseph, kommt und helfet mir und für mich Jesus loben, preisen und anbeten.

Hl. Freude. Ich freue mich aufs höchste ob Deiner gnadenvollen Gegenwart, o mein Jesus, und wie Dich der hl. Joseph mit zärtlichster Liebesglut an sein Herz gedrückt hat, so ruhe auch an meinem armen Herzen, o Du mein unendlicher Gott! Ich lebe, doch nicht ich, sondern Christus lebt in mir. Nun läßt Du, o Herr, Deinen Diener in Frieden scheiden, denn meine Augen haben das Heil gesehen und empfangen. In Dir frohlockt meine Seele, o Gott meines Herzens.

Liebe. O mein Jesus, ich liebe Dich von ganzem Herzen; ich liebe Dich mehr als die ganze Welt, mehr als mein Leben, denn Du bist das höchste Gut, und mit Dir und in Dir habe ich alles, was mein Herz nur wünschen kann. Mein Gott und mein Alles!

Dank. O mein Jesus, meine Unfähigkeit, Dir würdig zu danken, ist Dir wohl bekannt; laß Dir als ein Dankopfer für mich gefallen jenes Lob, welches Dir im Namen aller Menschen Maria, Deine liebe Mutter, und Dein hl. Nährvater Joseph bei der Krippe dargebracht haben, und den Dankesjubel, den Dir der ganze Himmel darbringt und in alle Ewigkeit darbringen wird.

Aufopferung. O mein Jesus, nimm mich ganz in Besitz als Dein vollkommenes Eigentum. Ich übergebe Dir alle meine Kräfte, mein Gedächtnis, meinen Verstand, meinen Willen; ich übergebe Dir mein Leben, meinen Leib und meine Seele, sie sollen Deiner Ehre und Liebe allein gewidmet sein. Sieh, o Herr, wie der hl. Joseph will auch ich, als sein Pflegekind, ganz Dein sein jetzt und in Ewigkeit.

Bitte. Höre, o mein Jesus, um was ich Dich bitte: Laß nicht zu, daß ich in die kleinste Sünde einwillige, sondern gib mir die Gnade, daß ich nach dem Vorbilde des hl. Joseph mich in allen Tugenden übe, besonders aber in ..., welcher ich so sehr bedarf. Schließe mein sündhaftes Herz in Dein göttliches Herz ein, damit durch das Feuer Deiner Liebe alles verzehrt werde, was in ihm bisher Deinem hl. Willen zuwider war, und damit es, wie das Deines hl. Nährvaters, ganz nach Deinem Herzen und Willen umgewandelt werde.

Anempfehlung. Lebe nun in mir, o mein Jesus, Du Leben meiner Seele, und gleich wie Du den hl. Joseph nicht verlassen hast, bis er seine Seele in Deine Hände übergeben hatte, so bleibe auf seine Fürbitte hin auch bei mir, bis ich meine Seele aushauche, die ich in Deine heiligsten Hände, o mein Jesus, und in die Hände Mariä und Josephs, jetzt schon für jene Stunde mit ganzem Vertrauen übergebe. Amen.

Bitten, welche man nach Zeit und Umständen nach der hl. Kommunion an Jesus richten kann.

O mein Jesus, was wirst Du mir nun noch versagen, nachdem Du Dich selbst mir zur Speise gegeben hast? So ist denn meine erste Bitte an Dich, Du wollest mir alle Sünden meines Lebens verzeihen, besonders jene, die ich gegen das allerheiligste Sakrament begangen habe. Ich bitte Dich voll Vertrauen, Du wollest mich unwürdigsten Sünder als ein neues Wunder Deiner unendlichen Liebe und Barmherzigkeit wieder an kindestatt annehmen.

Die zweite Gnade, um welche ich Dich dringend anflehe, ist die Gnade der Beharrlichkeit im Guten. Darum hilf mir, o Herr, meine bösen Neigungen, besonders diese N.N., die fast allzeit die Ursache meiner

Rückfälle gewesen, herzhaft bekämpfen; ich will lieber gleich jetzt in Deiner Gnade sterben, als noch einmal eine schwere Sünde begehen.

Die dritte Gnade, um welche ich demütigst bitte, ist, daß Du meiner höchst gefährlichen Lauheit im Gebete, in der Liebe zu Gott und dem Nächsten abhelfen wollest. Ach, hilf mir dieses verderbliche und täuschende Übel ausrotten; gib mir einen hl. Eifer, deine Ehre allezeit und überall zu befördern. Vor allem aber bitte ich Dich, o mein Jesus, um die letzte Gnade, daß ich nicht ohne den heilsamen Genuß dieses heiligsten Sakramentes aus diesem Leben scheide. Gib nicht zu, daß ein Pflegekind Deines heiligsten Nährvaters zu Grunde gehe, sondern verleihe, daß mein Tod dem seinigen gleiche, und daß auch ich unter Deinem und Deiner Mutter Schutze die Reise in die Ewigkeit antrete.

Endlich empfehle ich Dir auch meine zeitlichen Angelegenheiten. Sieh, o mein Jesus, das Pflegekind Deines hl. Pflegevaters drückt dieses Kreuz N.N. Ich bekenne, daß ich alles verdient habe. Aber wegen Deiner unendlichen Barmherzigkeit und wegen der großen Verdienste des hl. Joseph befreie mich von dieser Drangsal, oder stärke mich durch deine Gnade.

Diese Bitten empfehle ich Dir, o hl. Joseph, übergib sie deinem göttlichen Pflegesohne; begleite und unterstütze sie durch deine mächtige Fürbitte und mache, daß, was unser Vermögen nicht erhalten kann, uns durch deine Fürbitte geschenkt werde. Amen.

Gelobt und gebenedeit sei ohne End'
Das heiligste und göttliche Sakrament.

Kreuzwegandacht
in
Vereinigung mit dem hl. Joseph

Gute Meinung: Gott zu verherrlichen, eine größere Andacht zu dem bitteren Leiden und Sterben Jesu und dem heiligsten Altarsakrament als dem Denkmal dieses Leidens, zur schmerzhaften Mutter, sowie zu dem hl. Joseph, als Vorbild der Anbeter und zu seinen sieben Schmerzen zu erlangen; die Ausbreitung des eucharistischen Reiches Jesu, die Bekehrung der armen Sünder, die Beharrlichkeit der Gerechten und eine glückselige Sterbestunde zu erflehen. Die Ablässe sollen den armen Seelen im Fegfeuer zugewandt werden, besonders jenen, welche auf Erden das bittere Leiden des Heilandes, das hl. Altarsakrament, die seligste Jungfrau und den hl. Joseph am meisten geehrt haben.

Erste Station
Jesus wird zum Tode verurteilt

Wir beten Dich an, Herr Jesu Christe, und benedeien Dich. – Denn durch Dein heiliges Kreuz hast Du die ganze Welt erlöst.

Man verurteilt Jesum zum schmählichen Kreuztode, und zwar, weil Er sich den Sohn Gottes nannte (Joh. 19,7). Im alten Bunde war auf dieses Urteil hingewiesen. „Er nennt sich den Sohn Gottes, laßt uns ihn zum schmählichsten Tode verurteilen", - so steht im Buche der Weisheit (2, 13,20) geschrieben.

Göttlicher Heiland! Lange vor Deinem Tode hatten die Propheten Dein Leiden und Sterben vorhergesagt, und der hl. Joseph, welcher sich mit der Lesung der hl. Schrift beschäftigte und mehr als andere von Dir erleuchtet war, verstand gar wohl den Sinn der prophetischen Worte. Wie mußte er zum voraus inniges Mitleid mit Dir fühlen wegen Deiner Verurteilung zu schmachvollem Tode! Durch den Schmerz und die Fürsprache Deines hl. Nährvaters wolle mir die Gnade verleihen, mit Ergebung jenes Todesurteil anzunehmen, das mir dereinst in der Stunde meines Hinscheidens die Pforten der Ewigkeit erschließen wird. Amen.

Vater unser ..., Gegrüßt seist du, Maria ...,

Jesus, Maria, Joseph, euch schenke ich mein Herz und meine Seele (100 Tage Ablaß jedesmal.)

Zweite Station
Jesus nimmt das Kreuz auf seine Schultern

Wir beten Dich an ...

Jesus wird dem Kreuze oder vielmehr mit der Last unserer Sünden beladen, nach den Worten des Propheten Isaias: „Unser aller Missetaten hat der Herr auf ihn gelegt. Er hat die Sünden vieler getragen."[1] Ja, dieser Erlöser trug alle Sünden der Menschen, auch jene, welche man gegen das Sakrament seiner Liebe begeht.

Anbetungswürdiger Erlöser! Dein Nährvater konnte leicht aus diesen Worten des Propheten ersehen, wie die unerträgliche Last unserer Sünden Dich niederdrücken würde. Wie die Seele Mariä, so ward auch seine Seele mit dem Schwerte des Schmerzes durchbohrt. O Jesu, der Du das Joch meiner Sünden getragen, verzeihe mir aus Liebe zum hl. Joseph alle meine Sünden

---

[1] Is. 53, 6 und 12

und verleihe mir kraft der Verdienste Deines Kreuzestodes eine aufrichtige Reue über dieselben und den festen Entschluß, sie nicht mehr zu begehen. Amen. Vater unser …

Dritte Station
Jesus fällt zum ersten Male unter dem Kreuze

Wir beten Dich an …

Jesus fällt zur Erde nieder. Die Henkersknechte beschimpfen und verhöhnen Ihn. Nun wird erfüllt, was David vorhergesagt hat: „Ich bin ein Wurm und kein Mensch, der Leute Spott und die Verachtung des Volkes."[1]

O mein unter der Last des Kreuzes erliegender Heiland! Was würde der hl. Joseph empfunden haben, wenn er Dich in diesem erniedrigten Zustand gesehen hätte? Allein sah er nichts Ähnliches, als Du im Stalle zu Bethlehem in einer Krippe lagest? O Jesu, wie sehr liebst Du die Verdemütigungen! Im heiligsten Altarsakrament willst Du die Erniedrigungen Deiner Geburt und Deines Leidens erneuern und vergegenwärtigen. − Möchte auch ich durch die Fürbitte Deines hl. Nährvaters die Verdemütigungen nicht fürchten, sondern vielmehr schätzen und lieben. Verleihe mir diese kostbare Gnade durch die Schmach, die Du um meinetwillen bei Deinem ersten Falle erleiden wolltest. Amen. Vater unser …

---

[1] Psalm 21, 7.

Vierte Station
Jesus begegnet seiner betrübten Mutter

Wir beten Dich an ...

Welch unsäglichen Schmerz wird Maria empfunden haben, als sie ihrem mit Dornen gekrönten und mit dem schweren Kreuz beladenen göttlichen Sohne begegnete! So ward erfüllt die Weissagung Simeons, die derselbe zu Maria in Gegenwart des hl. Joseph aussprach: „Ein Schwert des Schmerzes wird deine Seele durchdringenden."[1]

O betrübteste Mutter, dieses Leidensschwert hat bereits frühzeitig dein mütterliches Herz zerrissen. Schon in der Kindheit deines Jesu littest Du mit dem hl. Joseph ein inneres Martyrium. Dieser dein hl. Bräutigam suchte dich nach Kräften zu trösten. Allein euer Schmerz wurde durch den Anblick des Opferlammes, das ihr für Leiden und Tod heranziehen mußtet, stets aufs neue geweckt. Ach! Durch euer gegenseitiges Mitleid erlanget mir eine zärtliche und aufrichtige Liebe zu Jesus, damit ich nach euerm Beispiele Ihn suche in meinen Gedanken, meinen Handlungen und meinem ganzen Lebenswandel. Amen.

Vater unser ...

Fünfte Station
Simon von Cyrene hilft Jesu das Kreuz tragen

Wir beten Dich an ...

Simon von Cyrene hilft Jesu. Wie oft hat auch der heilige Joseph Ihm geholfen in der Schwäche seiner Kindheit und hat so mit Maria Anteil genommen an dem

---

[1] Luk. 2, 35

Werke unserer Erlösung. „Der Herr hat ihn gemacht zum Ernährer seiner Menschheit und zu seinem weisesten und zuverlässigsten Gehilfen", ruft der hl. Bernhard aus.

Liebenswürdiger Jesus! Welch ein Glück, Dir beistehen und dienen zu dürfen, wie der hl. Joseph und der Cyrenäer dies tun konnten. Wie reichlich hast Du ihre Dienste belohnt, wie viele Gnaden haben sie hierfür empfangen. — Im allerheiligsten Sakrament bist Du ähnlich wie in Deiner Kindheit und auf dem Kreuzwege, äußerlich schwach und des Beistandes bedürftig. Gib, daß ich Dir, nach dem Beispiele Deines hl. Nährvaters, mit Liebe und Ehrfurcht diene und nach Kräften dafür einstehe, daß auch andere Dir dienen. Möge ich durch die Fürsprache des hl. Joseph keine Mühe scheuen, in Deiner sakramentalen Nähe zu weilen und Dich zu begleiten, wenn Du Deinen Tabernakel verlassest. Amen.

Vater unser ...

Sechste Station
Veronika reicht Jesus das Schweißtuch dar

Wir beten Dich an ...

Jesus drückt in das Tuch das Bild seines entstellten Antlitzes ein, jenes Antlitzes, das der Prophet Jsaias[1] schildert mit den Worten: „Gestalt und Schönheit hat er nicht, wir haben Ihn gesehen, aber da ist keine Gestalt und wir verlangen sein nicht, des Mannes der Schmerzen, der sein Antlitz verhüllt vor Schmach, weshalb wir sein nicht achten."

---

[1] 53, 2. 3.

Anbetungswürdiger Jesus, was würde Dein Nährvater empfunden haben, wenn er auf dem Wege zum Kalvarienberge Dir begegnet wäre. Welcher Schmerz muß also seine heiligste Seele durchzuckt haben, wenn er Deine holdselige Gestalt betrachtete und beim Propheten die Beschreibung Deines verunstalteten Antlitzes las. Verleihe mir auf die Fürbitte dieses Heiligen ein beständiges Andenken an Dein Leiden. Möge ich täglich, besonders vor dem heiligsten Sakrament, welches ja ein Denkmal Deines Leidens ist, Dein mit Blut und Speichel bedecktes Angesicht, Dein mit Dornen gekröntes Haupt vor Augen haben, und durch diese Betrachtung mit Mitleid, Hoffnung und Liebe erfüllt werden. Amen.

Vater unser ...

Siebente Station
Jesus fällt das zweite Mal unter dem Kreuze

Wir beten Dich an ...

Jesus fällt aufs neue; man schlägt und verhöhnt Ihn, um Ihn zum Aufstehen zu zwingen. Nach der Weissagung des Propheten[1] gleicht der Heiland einem Lamm, das zur Schlachtbank geführt wird und seinen Mund nicht zur Klage öffnet.

O mein liebenswürdiger Erlöser! Bei diesen Worten des Propheten erkannte der hl. Joseph Dich als jenes sanfte Lamm, das sich zum Tode führen läßt, ohne zu klagen. Er sah, wie Du täglich jene Tugend der Sanftmut ausübtest, welche Deinen Umgang so liebenswürdig machte und sein Herz wurde mit Wonne und Schmerz

---
[1] Isaias 53,7

zugleich erfüllt. Durch diesen zweiten Fall und durch die Fürbitte Deines glorreichen Nährvaters verleihe mir die Gnade, in Geduld und Sanftmut die täglichen Widerwärtigkeiten, Verdrießlichkeiten und Unbilden zu ertragen. Amen.

Vater unser ...

Achte Station
Jesus redet zu den weinenden Frauen von Jerusalem

Wir beten Dich an ...
Jesus redet zu der Volksmenge, um sie zu belehren. Wie oft wird Er auch in dem traulichen Hause zu Nazareth mit dem hl. Joseph gesprochen haben, um ihm das große Geheimnis der Erlösung zu erklären. „Brannte nicht unser Herz in uns, als Er auf dem Wege redete und uns die Schrift aufschloß."[1]

O mein göttlicher Meister, Dein Wort ist einer Flamme gleich, welche die Herzen durchdringt und mit heiliger Liebe entzündet. Welch wunderbare Wirkungen muß es in dem gelehrigen Herzen Deines Nährvaters hervorgebracht haben! So viele Jahre hat er in Deiner Gesellschaft verlebt und Deine Stimme vernommen. Auch ich kann vor dem Tabernakel in Deiner Nähe weilen und auf Deine Worte hören, die Du von da aus und durch Deine Stellvertreter an mich richtest. Durch die Verdienste des hl. Joseph verleihe, daß ich gerne auf
Deine Worte höre und sie freudig in mein Herz aufnehme. Amen.

Vater unser ...

---

[1] Lk. 24, 32

Neunte Station
Jesus fällt zum dritten Male unter dem Kreuze

Wir beten Dich an ...

Jesus fällt neuerdings zu Boden; er wird mißhandelt und mit Schmähungen überhäuft. So gehen in Erfüllung die Worte des Propheten Jeremias:[1] „Er wird den Staub der Erde küssen; Er reicht seine Wange dem, der Ihn schlägt und wird gesättigt mit Schmach."

Liebenswürdiger Heiland, welcher Schmerz wird die Seele Deines hl. Nährvaters durchwühlt haben, wenn er in den Weissagungen las, welche Schmach Du während Deines Leidens erdulden solltest. Ähnliche Beschimpfungen werden Dir oft zugefügt im heiligsten Sakramente. So lass mich sühnend vor Deinen Altären weilen und verleihe mir so inniges Mitleid mit deinen Erniedrigungen, wie es der hl. Joseph empfunden hat. Möge ich dieselben öfters zum Gegenstand meiner Betrachtungen wählen und unter dem Schutze dieses Heiligen mir die Tugend der Demut aneignen. Amen.
Vater unser ...

Zehnte Station
Jesus wird seiner Kleider beraubt

Wir beten Dich an ...

Beim Anblicke unseres entblößten Heilandes wollen wir mit dem Propheten Isaias in innigem Mitleiden Ihm zurufen: „Warum ist rot vom Blute

---

[1] Klagel. 3, 29, 30.

Dein Gewand, warum sind Deine Kleider wie die der Keltertreter?"[1]

O Jesus, was wird der hl. Joseph bei diesem Ausruf gedacht haben? Wenn er in Deinen Kinderjahren Dir Dein Gewand anzog, so sah er im Voraus, wie es mit Blut gefärbt, vom Weine Deines Opfers auf Kalvaria gerötet und wie nach den Worten des Psalmisten[2] das Los über dasselbe geworfen wurde. Welch' unnennbare Schmerzen, welch' unaussprechliche Seelenqualen müssen eure so engverbundenen Herzen erduldet haben! Verleihe mir durch Deine Entkleidung und durch die öftere Vereinigung mit Deinem reinsten Leibe in der hl. Kommunion die Kraft, mich von allen irdischen Neigungen loszureißen und Dir mit reinem Herzen und keuschen Leibe gleich Deinem hl. Nährvater zu dienen. Amen. Vater unser ...

Elfte Station
Jesus wird ans Kreuz genagelt

Wir beten Dich an ...
Man schlägt Jesum ans Kreuz! Fragen mir Ihn mit dem Propheten Zacharias: „Was sind das für Wunden inmitten Deiner Hände?" und Er antwortet uns: „Diese Wunden habe ich empfangen im Hause jener, die mich hätten lieben sollen."[3]

O anbetungswürdiger Heiland, wie tief mußten diese prophetischen Worte das Herz des hl. Joseph

---

[1] Isaias 63,2
[2] Psalm 21, 9.
[3] Zach. 13, 6.

ergreifen. Wenn er Dich seinen Befehlen gehorchen sah, mußte er nicht an den Gehorsam denken, mit dem Du einst Deine Hände und Füße bereitwillig den Henkern zur Kreuzigung darbieten würdest, nach der Weissagung Davids: „Sie haben meine Hände und Füße durchbohrt."[1] Gib mir durch die Verdienste Deines hl. Nährvaters die Gnade, öfters Deinen Gehorsam am Kreuze, den Du auf dem Altare erneuerst, zu betrachten und daraus die Kraft zu schöpfen, die Tugend des Gehorsams starkmütig und beharrlich zu üben. Amen. Vater unser ...

Zwölfte Station
Jesus stirbt am Kreuze

Wir beten Dich an ...

Jesus hängt am Kreuze. Hier gehen in Erfüllung viele prophetischen Worte, die als ebenso viele Schmerzensschwerter das Herz des hl. Joseph durchbohrt haben. Einige derselben lauten: „Er ward zu den Missetätern gezählt und Er hat für die Sünder gebetet. Alle die Mich sehen, spotten Mein, bewegen die Lippen und schütteln das Haupt. Gott, Mein Gott, warum hast Du Mich verlassen."

Glorreicher hl. Joseph! Dein Tod war viel sanfter als der Deines Jesus! Er stirbt verlassen, verhöhnt, zwischen zwei Schächern. Du aber entschliefest in den Armen deines Heilandes und der seligsten Jungfrau. Aber der Gedanke an den qualvollen Tod deines Jesu und an das lange schmerzliche Harren in der Vorhölle, fern von Ihm, machte auch dein Hinscheiden bitter und schmerzlich.

---

[1] Psalm 21,7.

Erflehe mir die Gnade der hl. Hingabe in Gottes Willen im Leben und im Tode und laß mich nicht, ohne von deinem und meinem Jesus durch die hl. Wegzehrung gestärkt und getröstet zu sein, von hinnen scheiden. Amen. Vater unser ...

Dreizehnte Station
Jesus wird vom Kreuze herabgenommen

Wir beten Dich an ...

Mit welcher Liebe hat Maria Jesum in ihren Schoß genommen, aber auch mit welchem Schmerz! Sie hielt in ihren Armen den zerrissenen Leib ihres Sohnes und sah erfüllt das Wort des Propheten: „Von der Fußsohle bis zum Scheitel ist nichts Gesundes an Ihm ... Er ist verwundet um unserer Missetaten willen, geschlagen um unserer Sünden willen." Diesen nämlichen Leib hattest du, o heiliger Joseph, so oft liebend in deine Arme genommen und dabei mit Wehmut seines künftigen Leidens gedacht.

O schmerzhafte Mutter, o hl. Joseph, erlanget mir die Gnade, daß ich diesen Leib eures Sohnes, den ihr mit so großer Ehrfurcht und Reinheit an euer Herz gedrückt, stets mit reinem Herzen und demütiger Gesinnung empfangen möge. Amen. Vater unser ...

Vierzehnte Station
Jesus wird ins Grab gelegt

Wir beten Dich an ...

Als Jesus ins Grab gelegt wurde, war seine heiligste Seele bereits zu den Gerechten in die Vorhölle entschwebt. Mit welcher Wonne wirst du, o hl. Joseph, Jesum begrüßt und angebetet haben, wie wirst du Ihm gedankt haben für sein bitteres Leiden und Sterben, für den Besuch und die selige Anschauung, womit Er dich und alle Seelen der Gerechten beglückte. Mit welcher Freude wirst du der Prophezeiung gedacht haben: „Und sein Grab wird herrlich sein."[1] O göttlicher Heiland! Auch uns erfreust Du im heiligsten Sakramente mit Deiner Gegenwart und erinnerst uns auf dem Altare nicht nur an Dein Leiden und Sterben, sondern auch an die Herrlichkeit Deines Grabes. Durch die Verdienste Deiner schmerzhaften Mutter und Deines hl. Nährvaters erlange mir die Gnade, daß ich Dich im heiligsten Sakramente oft und mit Freude und Andacht begrüße, Dein bitteres Leiden und Sterben allda verehre, Kraft in Widerwärtigkeiten und Versuchungen schöpfe und Dir für Deine gnadenreiche Gegenwart demütig danke. Amen. Vater unser ...

Sechs Vater unser..., Gegrüßt seist du Maria ... und Ehre sei ...

[1] Is. 11, 10

DRITTER TEIL:
Einzelne Gebete und mit Ablässen bereicherte fromme Übungen zu Ehren des hl. Joseph

Litanei zum heiligen Joseph

Herr, erbarme dich unser!
Christus, erbarme dich unser!
Herr, erbarme Dich unser!
Christus, höre uns!
Christus, erhöre uns!
Gott, Vater vom Himmel, erbarme Dich unser!
Gott Sohn, Erlöser der Welt, erbarme Dich unser!
Gott, Heiliger Geist, erbarme Dich unser!
Heilige Dreifaltigkeit, ein einiger Gott, erbarme Dich unser!
Heilige Maria, bitte für uns!
Heiliger Joseph
Du erlauchter Sproß Davids
Du Licht der Patriarchen
Du Bräutigam der Gottesmutter
Du keuscher Behüter der allerseligsten Jungfrau
Du Nährvater des Sohnes Gottes
Du eifriger Beschützer Christi
Du Haupt der Heiligen Familie
Du gerechtester Joseph
Du keuschester Joseph
Du weisester Joseph
Du starkmütigster Joseph
Du gehorsamster Joseph
Du getreuester Joseph
Du Spiegel der Geduld

Du Liebhaber der Armut
Du Vorbild der Arbeiter
Du Zierde des häuslichen Lebens
Du Beschützer der Jungfrauen
Du Stütze der Familien
Du Trost der Bedrängten
Du Hoffnung der Kranken
Du Patron der Sterbenden
Du Schrecken der bösen Geister
Du Schutzherr der hl. Kirche
O Du Lamm Gottes, welches Du hinwegnimmst die Sünden der Welt, verschone uns, o Herr!
O Du Lamm Gottes, welches Du hinwegnimmst die Sünden der Welt, erhöre uns, o Herr!
O Du Lamm Gottes, welches Du hinwegnimmst die Sünden der Welt, erbarme Dich unser, o Herr!

V. Er hat ihn gesetzt zum Herrn seines Hauses,
R. Und zum Fürsten über all sein Besitztum.

Lasset uns beten:
O Gott, der Du in Deiner wunderbaren Vorsehung den hl. Joseph zum Bräutigam Deiner heiligsten Mutter zu erwählen Dich gewürdiget hast, verleihe uns, wir bitten Dich, daß wir ihn, den wir als unsern Beschützer auf Erden verehren, als unsern Fürsprecher im Himmel zu haben verdienen, der Du lebst und regierst Gott von Ewigkeit zu Ewigkeit. Amen.

300 Tage Ablaß, einmal täglich zu gewinnen, auch den armen Seelen zuwendbar. (Dekret Pius X. vom 18. März 1909.)

Kurze neun- (oder drei) tägige Andacht zu Ehren des heiligen Joseph

1. Glorreicher hl. Joseph, durch jenen lebendigsten **Glauben,** der dich in allen Wechselfällen des Lebens stets aufrecht hielt, erlange uns vom Herrn, daß wir diesen kostbaren Schatz stets unversehrt bewahren und nach seinen Grundsätzen leben und sterben.
Vater unser und Ehre sei...

2. Glorreichster hl. Joseph, durch jene festeste **Hoffnung** auf die himmlischen Güter, welche dich stets beseelte, bewirke, daß sich in unserm Herzen niemals das Vertrauen verringern möge, durch die Verdienste Jesu Christi und vermittelst unserer guten Werke zum himmlischen Paradiese zu gelangen.
Vater unser und Ehre sei...

3. Glorreicher heiliger Joseph, durch jene glühendste **Liebe,** welche du zu Gott und dem Nächsten trugest, erlange uns die Gnade, daß wir Gott über alle geschaffenen Dinge und unsern Nächsten wie uns selbst lieben.
Vater unser und Ehre sei...

4. Glorreichster hl. Joseph, durch jene tiefe **Demut,** welche die Segnungen des Himmels auf dich herabzog, erlange uns, daß wir den Stolz immer von uns fernhalten, damit auch wir die Gnaden verdienen mögen, welche den Demütigen verheißen sind.
Vater unser und Ehre sei...

5. Glorreichster hl. Joseph, durch jene unbefleckte **Reinheit,** welche dich zum würdigen Bräutigam und Beschützer der Königin der Jungfrauen machte,

erlange uns vom Herrn, daß wir diese so schöne Tugend von aller Makel rein bewahren.
Vater unser und Ehre sei...

6. Glorreicher hl. Joseph, durch jenen pünktlichen **Gehorsam,** welchen du gegen die Befehle des Herrn bewährtest, erlange uns, daß auch wir uns denselben freudig unterwerfen und unsern Vorgesetzten in Treue gehorsamen.
Vater unser und Ehre sei...

7. Glorreichster hl. Joseph, durch jene tiefe Sammlung und innige **Andacht,** mit welcher du das Jesuskind angebetet hast, erlange uns, daß wir den Geist der Sammlung bewahren und mit immer größerer Andacht Jesum im heiligsten Sakramente anbeten und empfangen.
Vater unser und Ehre sei...

8. Glorreichster hl. Joseph, durch jene unüberwindliche **Geduld,** mit welcher du die Mühsale dieses Lebens ertragen hast, erlange uns, daß wir mit Ergebung und Ruhe alle Trübsale ertragen mögen, die Gott über uns verhängen wird.
Vater unser und Ehre sei...

9. Glorreichster hl. Joseph, durch jene wunderbare Vereinigung **aller Tugenden**, welche dir vom hl. Geiste den Namen des Gerechten verdient hat, erwirke uns, daß wir stets nach immer größerer Tugend streben und unser Leben durch einen Tod beschließen, welcher dem deinen ähnlich ist, in der Gemeinschaft Jesu und Mariä.
Vater unser und Ehre sei...

Weiheakt an den heiligen Joseph

O glorreicher Patriarch und Patron der katholischen Kirche, jungfräulicher Bräutigam der jungfräulichen Mutter Gottes, Nähr- und Pflegevater des menschgewordenen Wortes! In der Gegenwart Jesu und Mariä wähle ich dich heute zu meinem Beschützer und Vater.

O du, der du von Gott zum Haupte der hl. Familie bestellt wurdest, nimm mich, ich bitte dich, obschon gänzlich unwürdig zum demütigen Diener in deinem heiligen Hause an. Stelle mich deiner makellosen Braut vor, und bitte sie, mich gleichfalls zu ihrem Diener und ihrem Kinde anzunehmen. Mit ihr lehre mich, der du ein Meister des geistlichen Lebens bist, lehre mich, wie ich beständig mit Jesus verkehren und Ihm in allen Dingen bis ans Ende meines Lebens getreu dienen soll. — Deiner Obhut war das lebendige Brot vom Himmel anvertraut, um den darbenden Brüdern mitgeteilt zu werden.

O hilf mir, mit Maria, den armen Stall meines Herzens vorzubereiten, um würdig und oft das Brot meines Heiles zu empfangen. Laß es mich aus deinen und Mariä Händen empfangen, so oft ich zum hl. Tisch hintrete. — Du gütiger, sorgenvoller Vater, hiermit weihe ich mich dir und mache den festen Vorsatz und Entschluß, dich nimmer zu verlassen und nimmer etwas zu sagen oder zu tun oder zuzulassen, daß von meinen Untergebenen etwas gesagt oder getan werde, was gegen deine Ehre ist.

O du Haupt des Hauses Gottes auf Erden, in getreuer Nachahmung Jesu und Mariä, stelle ich mich selber und alles, was mich betrifft, unter deinen Schutz und Schirm. Nach Jesus und Maria weihe ich dir meinen Leib und meine Seele mit allen ihren Fähigkeiten, meinen geistigen Fortschritt, mein Haus und all meine Anliegen und Unternehmungen. Verlaß mich nicht, sondern nimm mich als Diener und Kind deiner hl. Familie an. Wache über mich allezeit, aber besonders in der letzten, angstvollen Stunde meines Lebens auf Erden. Dann besuche mich, tröste mich und stärke mich mit der Gegenwart Jesu und Mariä, auf daß ich mit ihnen und mit dir die anbetungswürdige Dreifaltigkeit loben und besitzen möge in alle Ewigkeit. Amen.

Anderes Weihegebet zum heiligen Joseph
(vom gottseligen Heinrich Boudon)

Ich komme zu dir, o glorreicher hl. Joseph, und verehre dich von Herzen als den keuschen Gemahl der Mutter Gottes, als das Haupt der heiligsten Familie, die es jemals gab, als den Nährvater Jesu Christi, als den getreuen Verwahrer der Schätze der heiligsten Dreifaltigkeit. Ich ehre in deiner Person die Wahl Gottes des Vaters, der mit dir seine Macht über seinen Eingebornen und ewigen Sohn hat teilen wollen, die Wahl Gottes des Sohnes, der von dir abhängig sein und der Arbeit deiner Hände sein Leben verdanken wollte; die Wahl endlich Gottes des heiligen Geistes, der dir seine teuerste Braut anvertrauen und dich ihr zum schützenden Lebensgefährten geben wollte.

Ich preise dich glücklich, daß du das göttliche Kind Jesus auf deinen Armen getragen, an deine Brust gedrückt, liebreich umarmt und mit deinen Freudentränen benetzt hast, während du auch öfters von diesem heiligsten Kinde mit den zärtlichsten Liebkosungen bist erfreut worden. Wer vermöchte alle Schätze himmlischer Gnaden zu fassen, die du erhalten und von denen du überhäuft worden bist während jener dreißig Jahre, die du mit Jesus und Maria verlebt hattest. Durchdrungen von Ehrfurcht und Liebe im Anblicke deiner Größe und Heiligkeit, opfere und weihe ich dir mein Herz. Nach Jesus und Maria sollst du der Herr und Meister über dasselbe sein. Ich werde dich von nun an als meinen Vater und Beschützer betrachten; wolle mich als dein Kind ansehen; lasse mich die Wirkungen deines großen Ansehens bei Gott und deiner zarten Liebe gegen deine Pflegebefohlenen fühlen.

Vor allem aber erbitte mir eine aufrichtige und standhafte Bekehrung und alle die Gnaden, die ich nötig habe, um zur ewigen Seligkeit zu gelangen. Erlange mir jenen Geist der innerlichen Sammlung, jene innige Vereinigung mit Gott, jene tiefe Herzensdemut, jene vollkommene Übereinstimmung mit dem göttlichen Willen, jene Geduld in den Widerwärtigkeiten, jenes felsenfeste Vertrauen auf die Vorsehung Gottes, endlich auch jene brennende Liebe zur heiligsten Person Jesu Christi und zu Maria, seiner unbefleckten Mutter — diese Tugenden erlange mir, die deine ganz eigene, unbegreiflich große Heiligkeit ausmachen.

Nimm auch die frommen stillen Seelen in deinen besondern Schutz, vor allem jene, welche nach deinem Vorbilde Jesus und Maria in ihrer Zurückgezogenheit und Einsamkeit nachzuahmen und mit ihnen ein verborgenes Leben zu führen bemüht sind. — Endlich durch die ausgezeichnete Gnade deines glückseligen Todes in den Armen Jesu und Mariä erwirke auch mir, o glorwürdiger Heiliger, einen dem deinen ähnlichen Tod — in vollkommenster Ergebung in den Willen Gottes und unter dem Beistande Jesu und Mariä, sowie unter deinem Schutze. Amen.

Erwählung des hl. Joseph zum Beschützer für sich und sein Haus

Glorreicher Patriarch, heiliger Joseph, der du über die heiligste aller Familien als ihr Haupt und Führer gesetzt worden, nimm auch diese Familie liebreich auf, welche vor dir auf den Knien liegt, um sich deinem Schutze zu empfehlen. Wir erwählen dich von jetzt an zu unserm Vater, Beschützer, Ratgeber, Führer und Patron und stellen unter deinen besonderen Schutz unsere Seele, unseren Leib, unser Eigentum, unser Leben, unsere Gesundheit und insbesondere unsere Todesstunde. — Nimm uns als deine Kinder und das Unserige als dein Eigentum an. Bewahre uns vor allen Gefahren, vor allen Nachstellungen und Fallstricken der unsichtbaren und sichtbaren Feinde. Stehe uns jederzeit und in allen Bedrängnissen bei. Tröste uns in Betrübnissen, besonders aber in der Stunde unseres Scheidens aus dieser Welt. Sprich nur ein Wort zu unserm Heilande, den du als Kind auf deinen Armen getragen, und zur glorreichen Jungfrau, deren Bräutigam du gewesen, und du wirst alle Gnaden erlangen, welche uns zum zeitlichen und ewigen Wohle ersprießlich sein werden. Nimm uns auf unter jene Familien, die deinem Herzen am teuersten sind und wir werden uns bemühen, durch ein echt christliches Leben deines besonderen Schutzes würdig zu sein. Amen.

Anderes Weihegebet

O seligster Nährvater Jesu, reinster Bräutigam der jungfräulichen Mutter Maria, hl. Joseph, ich erwähle dich heute zu meinem besonderen Beschützer und Fürsprecher und nehme mir vor, dich niemals zu verlassen, noch jemals etwas wider dich zu reden, oder zu tun, noch zuzulassen, daß von meinen Untergebenen etwas wider deine Ehre geschehe. Ich bitte dich also inständig, nimm mich zu deinem Pflegekinde an, stehe mir in allen meinen Werken bei und verlasse mich nicht in der Stunde meines Todes. Amen.

Lobsprüche auf den hl. Joseph

Heil dir Joseph, du Bild Gottes des Vaters;
Heil dir Joseph, du Pflegevater Gottes des Sohnes;
Heil dir Joseph, du Schatz des hl. Geistes;
Heil dir Joseph, du Wonne der allerheiligsten Dreifaltigkeit;
Heil dir Joseph, du getreuester Helfer bei der Menschwerdung;
Heil dir Joseph, du würdigster Bräutigam der Jungfrau Maria;
Heil dir Joseph, du Vater aller Gläubigen;
Heil dir Joseph, du Behüter der heiligen Jungfrauen;
Heil dir Joseph, du größter Liebhaber der Armut;
Heil dir Joseph, du Muster der Sanftmut und der Geduld;
Heil dir Joseph, du Spiegel der Demut und des Gehorsams;
Und gebenedeit seien deine Augen, welche Dinge gesehen haben, die du gesehen hast; gebenedeit bist du über alle Männer;
Und gebenedeit seien deine Ohren, welche die Dinge gehört haben, die du gehört hast;
Und gebenedeit seien deine Hände, welche das fleischgewordene Wort berührt und versorgt haben;
Und gebenedeit seien deine Arme, welche denjenigen getragen haben, der alles trägt;

Und gebenedeit sei deine Brust, an welcher der Sohn Gottes so süß geruhet hat;
Und gebenedeit sei dein Herz, von brennender Liebe entflammt;
Und gebenedeit sei der ewige Vater, der dich erwählte;
Und gebenedeit sei der Sohn, der dich liebte;
Und gebenedeit sei der hl. Geist, der dich heiligte;
Und gebenedeit sei deine Braut Maria, die dich als Bräutigam und Bruder liebte;
Und gebenedeit sei der Engel, der über dich wachte;
Und gebenedeit seien auf immer alle diejenigen, die dich benedeien und lieben. Amen.

Grußgebet zum hl. Joseph

I.

Ich grüße dich, o heiliger Joseph, Sohn Davids, du keuscher Gemahl der glorreichen Jungfrau Maria, du Nährvater unseres Herrn Jesu Christi. Guter hl. Joseph, bitte für uns, deine Kinder; bitte für .... (diese kleine Familie), die du unter deiner Obhut und deinen mächtigen Schutz zu nehmen dich gewürdiget hast.

II.

Gegrüßet seist du, hl. Joseph, du Bräutigam der Gottesmutter, hochbegnadigt, der Herr ist mit dir, du bist gebenedeit unter den Männern und gebenedeit ist die Frucht deiner süßesten Braut, Jesus Christus, welchen du ernährt und aufgezogen hast. O hl. Joseph, Nährvater Jesu Christi und Trost Mariä, bitte für uns Sünder, jetzt und in der Stunde unseres Todes. Amen.

Gebet zum hl. Joseph um einen seligen Tod

O hl. Joseph, der du in der zärtlichsten Umarmung deines Pflegekindes Jesu und deiner süßesten Braut Maria aus diesem Leben geschieden bist, komm mir zu Hilfe, o heiligster Vater, mit Jesus und Maria, vornehmlich dann, wenn der Tod meinem Leben ein Ende machen wird, und erlange mir, ich bitte dich inständigst, daß ich auch in den heiligsten Armen Jesu und Mariä meine Seele aushauche. In eure Hände befehle ich lebend und sterbend meinen Geist, Jesu, Maria, Joseph! Amen.

Stoß- und Ablaßgebete zum hl. Joseph
Zur Erlangung eines guten Todes

Jesus, Maria, Joseph! euch schenke ich mein Herz und meine Seele!

Jesus, Maria, Joseph! stehet mir bei im letzten Todeskampfe!

Jesus, Maria, Joseph! möge meine Seele mit euch im Frieden scheiden!

300 Tage Ablaß jedesmal, wenn man diese 3 Gebete verrichtet.
100 Tage Ablaß jedesmal, wenn man nur eines davon betet,
Pius VII.

O heiliger Joseph, Pflegevater unseres Herrn Jesus Christus und wahrer Gemahl der Jungfrau Maria, bitte für uns.

300 Tage Ablaß einmal täglich. Leo XIII.

O heiliger Joseph, Vorbild und Patron der Verehrer des heiligen Herzens Jesu, bitte für uns.

100 Tage Ablaß einmal täglich. Leo XIII.

Mach, Joseph, schuldlos uns durch's Leben gehn,
Und laß durch deinen Schutz uns stets gesichert stehn.
300 Tage Ablaß einmal täglich. Leo XIII.

Gebet zum hl. Joseph
(vom hl. Bernhardin von Siena)

Gedenke unser, o hl. Joseph, und sei durch deine mächtige Fürbitte unser Vermittler bei deinem Pflegesohne; erwirb uns auch die Huld der allerseligsten Jungfrau, deiner Braut, welche die Mutter desjenigen ist, der mit dem Vater und dem hl. Geiste lebt und regiert von Ewigkeit zu Ewigkeit. Amen.

100 Tage Ablaß einmal täglich. Leo XIII.

Gebet zu Ehren des hl. Joseph
für die Sterbenden

Ewiger Vater, um der Liebe willen, welche Du zum hl. Joseph trägst, den Du vor allen auserwählt hast, deine Stelle auf Erden zu vertreten, habe Erbarmen mit uns und mit den armen Sterbenden.

Vater unser... Gegrüßet... Ehre sei...

Ewiger göttlicher Sohn, um der Liebe willen, die Du zum hl. Joseph trägst, der Dich auf Erden mit aller Treue beschützt hat, habe Erbarmen mit uns und mit den armen Sterbenden.

Vater unser... Gegrüßet... Ehre sei...

Ewiger göttlicher Geist, um der Liebe willen, die Du zum hl. Joseph trägst, welcher mit so großer Sorgfalt Deine heiligste und innigst geliebte Braut

Maria beschützt hat, habe Erbarmen mit uns und mit den armen Sterbenden.
> Vater unser... Gegrüßet... Ehre sei...
300 Tage Ablaß einmal täglich. Leo XIII.

Gebet zum hl. Joseph als Patron der katholischen Kirche

O mächtigster Patriarch, hl. Joseph, Patron der ganzen katholischen Kirche, die dich jederzeit in ihren Nöten und Drangsalen angerufen, blicke von deinem erhabenen Throne deiner Glorie liebevoll herab auf die katholische Welt. Ach möge doch dein väterliches Herz gerührt werden beim Hinblick auf die mystische Braut und auf den Statthalter Christi, die da von Schmerz niedergebeugt und von mächtigen Feinden verfolgt sind. Um der überaus bitteren Kümmernisse willen, die du auf Erden empfunden, trockne gütig die Tränen des ehrwürdigen Hohenpriesters, beschütze ihn, befreie ihn und lege deine Fürsprache ein bei dem Spender des Friedens und der Liebe, auf daß nach Entfernung jeglichen Ungemaches und Zerstreuung aller Irrtümer die ganze Kirche Gottes dem Hochgebenedeiten in vollkommener Freiheit dienen könne: Ut destructis adversitatibus et erroribus iniversis Ecclesia secura Deo serviat libertate. Amen.
Ablaß 100 Tage, einmal im Tage. Leo. XIII.
Durch Reskript der hl. Ablaßkongregation v. 4. März 1882

Anderes Gebet zum hl. Joseph als Patron der katholischen Kirche

O glorreicher hl. Joseph, von Gott auserkoren zum Nährvater Jesu Christi, zum reinsten Gemahl der allzeit unversehrten Jungfrau Maria und zum Haupte der heiligsten Familie – der du deshalb auch vom Statthalter Jesu Christi zum himmlischen Patron und Beschützer der von Jesus gestifteten Kirche erwählt worden bist; mit dem größten Vertrauen flehe ich zu dieser Stunde um die mächtige Hilfe für die ganze streitende Kirche. Beschütze in besonderer Weise mit deiner wahrhaft väterlichen Liebe unseren Heiligen Vater, den Papst, und alle Bischöfe und Priester, welche mit dem hl. Stuhle Petri vereinigt sind. Sei der Verteidiger aller derer, die am Heile der Seelen arbeiten inmitten der Bedrängnisse und Trübsale dieses Lebens, und führe alle Völker der Erde zur gelehrigen Unterwerfung unter die Kirche, die ja für alle das notwendige Mittel zur Erlangung des ewigen Heiles ist. Würdige dich daher, o teuerster hl. Joseph, die Weihe anzunehmen, mit der ich mich selbst dir darbringe. Ich weihe mich dir ganz, damit du beständig mein Vater, mein Beschützer und Führer sein mögest auf dem Wege des Heils. Erlange mir eine große Reinheit des Herzens und eine eifrige Liebe zum inneren Leben. Bewirke, dass nach deinem Beispiel alle meine Handlungen auf die größere Ehre Gottes hinzielen, in Vereinigung mit dem göttlichen Herzen Jesu, mit dem unbefleckten Herzen Mariä und mit dir. Endlich bitte für mich, daß ich teilnehmen könne an dem Frieden und der Freude, welche du bei deinem hl. Tode verkostet hast. Amen.

Ablaß 300 Tage, einmal im Tage. Leo XIII. Durch Reskript der hl. Ablaßkongregation vom 18. Juli 1885.

Gebet zum hl. Joseph für die Kirche
(besonders für den Monat Oktober)
von Papst Leo XIII. selbst vorgelegt

Zu dir, o heiliger Joseph, fliehen wir in unserer Not und bitten dich vertrauensvoll um deinen Schutz (nachdem wir deine heiligste Braut um Hilfe angefleht).[1] Um der Liebe willen, welche dich mit der unbefleckten Jungfrau und Gottesgebärerin verband, und um der väterlichen Zuneigung willen, welche du zum Jesuskinde getragen, flehen wir inständig: blicke doch gnädig auf die teure Erbschaft herab, welche Jesus Christus sich mit seinem Blute erworben, und eile uns in unseren Nöten mit deinem mächtigen Beistande zu Hilfe.

Nimm, o fürsorglicher Beschützer der hl. Familie, die auserwählten Kinder Jesu Christi unter deine Obhut, halte fern von uns, o liebreichster Vater, jede Ansteckung des Irrtums und der Verderbnis. Stehe uns, o starker Helfer, vom Himmel aus gnädig bei in diesem Kampfe mit den Mächten der Finsternis, und wie du ehedem das Jesuskind aus der höchsten Lebensgefahr errettet hast, so verteidige jetzt die hl. Kirche Gottes gegen die Nachstellungen ihrer Feinde und gegen jegliches Ungemach; uns alle aber nimm jederzeit unter deinen Schutz, auf daß wir nach deinem Vorbild und mit deiner Hilfe heilig leben, fromm sterben und die ewige Seligkeit im Himmel erlangen mögen. Amen.

Ablässe: 1.) Sieben Jahre und 7 Quadragenen jedesmal für alle Gläubigen, wenn dieses Gebet während des Monats Oktober beim öffentlichen Beten des Rosenkranzes hinzugefügt wird.
2.) 300 Tage, einmal täglich, während des ganzen Jahres, wenn man dieses Gebet spricht. Leo XIII. durch Enzyklika vom 15. August 1889.

---

[1] Die eingeklammerten Worte bleiben weg, wenn das Rosenkranzgebet nicht vorhergegangen ist.

Responsorium zu Ehren des hl. Joseph

Wer gesund am Geiste leben,
Und mit einem sel'gen Tode
Seinen Lauf beschließen will,
Rufe Josephs Hilfe an.

Er, der Jungfrau Bräutigam,
Den man Jesu Vater glaubte,
Der Gerechte, Treue, Keusche,
Bittet nie bei Gott vergebens.

Wer gesund am Geiste …

Er verehrt im Stall den Heiland,
Tröstet Ihn im fremden Land,
Sucht Ihn, als er Ihn verloren,
Findet Ihn mit Freuden wieder.

Wer gesund am Geiste …

Der die ganze Welt erschaffen,
Ward durch seine Müh' ernährt,
Und der Sohn des Allerhöchsten
Ist ihm willig untertan.

Wer gesund am Geiste …

Jesus und Maria stehen
Ihm im Tode tröstend bei,
Er entschläft in ihrer Mitte
Sanft und süßen Trostes voll.

Wer gesund am Geiste …

Ehre sei dem Vater und dem Sohne und dem heiligen Geiste.

Wer gesund am Geiste …

Antiphon. Siehe da, der treue und kluge Knecht, den der Herr über seine Familie gesetzt hat.

V. Bitte für uns, o seliger Joseph,
R. Auf daß wir würdig werden der Verheißungen Christi.

Lasset uns beten. O Gott, der Du in Deiner unausprechlichen Vorsehung den seligen Joseph zum Bräutigam Deiner heiligsten Gebärerin zu erwählen Dich gewürdigt hast; verleihe uns, wir bitten Dich, daß wir denjenigen, welchen wir als unseren Beschützer auf Erden verehren, zu unserem Fürsprecher im Himmel zu haben verdienen. Der du lebst und regierst ect.
Ablaß von einem Jahre jedesmal.

Das Memorare zum hl. Joseph

Gedenke, o keuschester Bräutigam Mariens, o mein mildreicher Beschützer, hl. Joseph, daß es niemals ist gehört worden, daß jemand deinen Schutz angerufen, und dich um Hilfe angefleht habe, ohne getröstet worden zu sein. Ich komme mit diesem Vertrauen, mich dir vorzustellen und mit aller Inbrunst mich dir zu empfehlen. Verschmähe meine Bitten nicht, du Pflegevater des Heilandes, sondern nimm sie gnädig an. Amen.

Ablaß. Papst Pius IX. verlieh durch Breve vom 26. Juni 1863 allen Gläubigen, welche dieses Gebet mit wenigstens reumütigem Herzen und andächtig verrichten, einen Ablaß von 300 Tagen einmal im Tage.

Gebete zu Ehren der sieben Schmerzen und der sieben Freuden des hl. Joseph

1. O reinster Bräutigam der heiligsten Jungfrau Maria, hl. Joseph! Gleichwie der Kummer und die Angst deines Herzens groß waren, als du unschlüssig warst, ob du deine unbefleckte Braut verlassen solltest, so war auch unbeschreiblich deine Freude, als dir von dem Engel das erhabene Geheimnis der Menschwerdung geoffenbart wurde.

Durch diesen deinen Schmerz und diese deine Freude bitten wir dich, du wollest unsere Herzen jetzt und in den Schmerzen des Todes trösten mit dem Troste eines guten Lebens und eines heiligen Todes, der deinem Tode in Gegenwart Jesu ähnlich sei.
 Vater unser, Ave Maria und Ehre sei...

2. O glückseliger Patriarch, glorreicher heiliger Joseph, auserwählt zu den Pflichten eines vermeintlichen Vaters des menschgewordenen Wortes; der Schmerz, den du empfandest, als du das Knäblein Jesu in solcher Armut geboren sahest, verwandelte sich unverzüglich in einen himmlischen Jubel, als du die Lobgesänge der Engel vernahmst, und die Glorie jener von Licht strahlenden Nacht sahst.

Durch diesen deinen Schmerz und diese deine Freude bitten wir dich, du wollest uns die Gnade erlangen, daß wir nach zurückgelegter Wanderschaft dieses Lebens würdig seien, die Lobgesänge der Engel zu vernehmen und des Glanzes der himmlischen Herrlichkeit uns zu erfreuen.
 Vater unser, Ave Maria und Ehre sei...

3. Gehorsamer Befolger des göttlichen Gesetzes; glorreicher heiliger Joseph! Das kostbarste Blut, welches das göttliche Kindlein, unser Heiland, bei der Beschneidung vergoß, hat dir das Herz zerschnitten; allein der Name Jesu, der demselben gegeben wurde, hat es alsbald wieder getröstet und mit Freude erfüllt.

Durch diesen deinen Schmerz und diese deine Freude bitten wir dich, erlange uns die Gnade, von allen Lastern während unseres Lebens frei zu bleiben, und mit dem heiligsten Namen Jesu im Herzen und im Munde freudig aus diesem Leben zu scheiden.

Vater unser, Ave Maria und Ehre sei…

4. Treuester Heiliger, der du teilgenommen hast an den Geheimnissen unserer Erlösung, glorreicher heiliger Joseph! Wenn die Weissagung Simeons von den Leiden, welche Jesus und Maria erdulden sollten, dir einen tödlichen Schmerz verursachte, so erfüllte doch auch das Heil und die glorreiche Auferstehung unzähliger Seelen, welche nach derselben Weissagung jenen Leiden folgen sollten, dich mit seliger Freude.

Durch diesen deinen Schmerz und diese deine Freude bitten wir dich, erlange uns, dass wir aus der Zahl derjenigen seien, welche durch die Verdienste Jesu und die Fürbitte Mariä einst glorreich auferstehen werden.

Vater unser, Ave Maria und Ehre sei…

5. Wachsamster Hüter und innigster Vertrauter des menschgewordenen Sohnes Gottes, glorreicher hl. Joseph! Wie sehr hast du dich abgemüht, um den Sohn des Allerhöchsten zu unterhalten und Ihn zu pflegen, besonders als du mit Ihm nach Ägypten flüchten mußtest; aber wie groß war auch der Trost, deinen Gott

immer um dich zu haben, und zu sehen, wie die Götzenbilder Ägyptens vor Ihm zu Boden stürzten.

Durch diesen deinen Schmerz und diese deine Freude bitten wir dich, erlange uns die Gnade, daß wir den höllischen Feind, besonders durch die Flucht gefährlicher Gelegenheiten, immer von uns fernhalten, daß in unseren Herzen alle Götzenbilder irdischer Anhänglichkeit zusammenstürzen und daß wir, ganz dem Dienste Jesu und Mariä ergeben, nur für sie leben und mit ihnen selig sterben.

Vater unser, Ave Maria und Ehre sei...

6. Irdischer Engel, glorreicher heiliger Joseph! Der Du staunend den König der Himmel jedem deiner Winke gehorchen sahst; war auch deine Freude, Ihn aus Ägypten zurückzubringen, getrübt durch die Furcht von Archelaus, so wurdest du doch durch den Engel beruhigt, und verweiltest froh und freudig mit Jesus und Maria in Nazareth.

Durch diesen deinen Schmerz und diese deine Freude bitten wir dich, erlange uns, daß unsere Herzen frei seien von aller schädlichen Furcht, daß wir uns immer des Friedens eines guten Gewissens erfreuen, und mit Jesu und Maria in Sicherheit lebend, auch in ihrer Mitte aus diesem Leben scheiden mögen.

Vater unser, Ave Maria und Ehre sei...

7. Vorbild aller Heiligkeit, glorreicher heiliger Joseph! Nachdem du ohne deine Schuld den Knaben Jesus verloren hattest, suchtest du Ihn mit größtem Schmerze drei Tage lang, bis du Ihn, der dein Leben war, mit Freude und Frohlocken im Tempel unter den Lehrern wiederfandest.

Durch diesen deinen Schmerz und diese deine Freude flehen wir dich mit Herz und Mund an, du wollest für uns bitten, daß es uns nie widerfahre, Jesum durch eine schwere Sünde zu verlieren; wenn es aber zum größten Unglück dennoch geschehen sollte, daß wir Ihn dann mit nicht ruhendem Schmerze aufsuchen, bis wir Ihn wieder finden und seiner Gnade uns erfreuen, besonders im Augenblicke unseres Todes, um in den Himmel einzugehen und Ihn dort in Ewigkeit zu genießen, und mit dir das Lob seiner göttlichen Erbarmung zu singen.

Vater unser, Ave Maria und Ehre sei...

Antiphona
Ipse Jesus erat incipiens quasi annorum triginta, ut putabatur, filius Joseph.

V. Ora pro nobis, sancte Joseph,

R. Ut digne efficiamur promissionibus Christi

Oremus. Deus, qui ineffabili providentia beatum Joseph sanctissimae Genitricis tuae Sponsum eligere dignatus es: praesta quaesumus, ut quem protectoreum veneramur in terris, intercessorem habere mereamur in coelis. Qui visi et regnas in saecula saeculorum.

Antiphon.
Jesus begann damals ungefähr sein dreißigstes Jahr und ward für den Sohn Josephs gehalten.

V. Bitte für uns, o heiliger Joseph.

R. Auf daß wir würdig werden der Verheißungen Christi.

Lasset uns beten. O Gott, der Du in Deiner unaussprechlichen Vorsehung den heiligen Joseph zum Bräutigam Deiner heiligsten Gebärerin zu erwählen Dich gewürdigt hast, verleihe uns, wir bitten Dich, daß wir denjenigen, welchen wir als unseren Beschützer auf Erden

	verehren, zu unserem Fürsprecher im Himmel zu haben verdienen. Der Du lebst und regierst ect.
R. Amen.	R. Amen.

Ablässe. Papst Pius VII. verlieh allen Gläubigen, welche vorstehende Gebete mit wenigstens reumütigem Herzen verrichten, einen Ablaß von 100 Tagen, einmal im Tage; einen Ablaß von 300 Tagen an allen Mittwochen des Jahres, und an jedem Tage der beiden Novenen, welche sowohl dem Hauptfest des hl. Joseph (19. März), als auch seinem Schutzfeste (am 3. Mittwoch nach Ostern) vorhergehen; einen vollkommenen Ablaß an den besagten beiden Festen für alle, welche reumütig beichten, kommunizieren und jene Gebete verrichten; einen vollkommenen Ablaß im Monate allen, welche dieselben im Laufe eines Monates täglich verrichtet haben, an dem Tage, wo sie reumütig beichten und kommunizieren.

Papst Gregor XVI. verlieh durch Reskript der hl. Ablaßkongregation vom 22. Januar 1836 allen Gläubigen, welche an sieben beliebigen aber unmittelbar aufeinander folgenden Sonntagen im Jahre die vorstehenden Gebete verrichten, einen Ablaß von 300 Tagen für jeden der sechs ersten Sonntage, und einen vollkommenen Ablaß für den siebenten Sonntag, wenn sie wahrhaft reumütig beichten und kommunizieren.

Papst Pius IX. bestätigte durch Reskript der hl. Kongregation der Ablässe vom 1. Februar 1847 die erwähnten Bewilligungen, und fügte noch hinzu einen vollkommenen Ablaß an allen einzelnen sieben Sonntagen zu Ehren des heiligen Joseph in was für immer für einer Zeit des Jahres, wenn sie nur nicht unterbrochen werden, und wenn die Gläubigen außerdem, daß sie die vorstehenden Gebete verrichtet haben, beichten und kommunizieren, eine Kirche oder ein öffentliches Oratorium besuchen und eine Zeit lang nach der Meinung Sr. Heiligkeit beten.

Gebet zum hl. Joseph um die Tugend der Reinheit

Virginum Custos et Pater, sancte Joseph, cuius fideli custodiae ipsa innocentia Christus Jesus et Virgo virginum Maria commissa fuit, te per hoc utrumque carissimum pignus, Jesum et Mariam obsecro et obtestor, ut me ab omni immunditia praeservatum, mente incontaminata, puro corde et casto corpore Jesu et Mariae semper facias castissime famulari. Amen.

O glorreicher heiliger Joseph, Vater und Beschützer der jungfräulichen Seelen, dessen treuem Schutze die Unschuld selbst, Jesus Christus und Maria, die Jungfrau der Jungfrauen, anvertraut worden ist; durch diese beiden Unterpfänder, Jesus und Maria, bitte und beschwöre ich dich, du wollest bewirken, daß ich vor aller Unreinigkeit bewahrt, mit reinem Gemüte, reinem Herzen und keuschem Leibe Jesu und Mariä immer keusch diene. Amen.

Ablaß. Papst Pius IX. verlieh allen Gläubigen, welche dieses Gebet mit reumütigem Herzen und andächtig verrichten, einen Ablaß von 100 Tagen einmal im Tage.

Gebet einer Ordensperson zum hl. Joseph

Ganz von Herzen verehre ich dich, o heiliger Joseph, als das glänzendste Vorbild und den besonderen Schutzheiligen des Ordensstandes. Du hast ja auf bewunderungswürdige Weise die jungfräuliche Keuschheit stets unversehrt bewahrt. Du hast die Güter dieser Welt verachtet und warst bei der Dürftigkeit so vergnügt, daß dieselbe dir wahrhaft eine freiwillige Armut wurde. Und wer ist so gehorsam gewesen wie du? Wer hat so vollkommen den Willen Gottes und aus Liebe zu Gott auch die Befehle der Menschen vollzogen? Und dein zurückgezogenes, stilles und beschauliches Leben, welch ein herrliches Muster ist dasselbe für alle, die in klösterlicher Einsamkeit Gott dienen und das eine Notwendige, ihr Seelenheil, suchen wollen. Ja, wahrlich, du gibst mir die beste Anleitung, wie ich auf Erden in Gebet und Betrachtung, in Schweigen und Vereinigung mit Gott einen himmlischen Wandel führen solle. Auch die Arbeiten und Sorgen, die du für Jesus und Maria auf dich genommen, ermuntern mich eindringlich, den Müßiggang zu fliehen und das zu tun, was der Gehorsam oder die Nächstenliebe mir gebieten.

Vernimm denn meine demütige Bitte, die ich vertrauensvoll dir vortrage. O mächtiger Beschützer gottgeheiligter Personen, erflehe mir die Gnade, daß ich die hl. Gelübde, wodurch ich mich Gott dem Herrn geweiht habe, auch genau und eifrig halte. Nein, auch nicht die mindeste Untreue will ich mir hierin, mit Gottes Beistand, zu Schulden kommen lassen, damit ich auch, so wie du, in allem gerecht erfunden werde.

Sei auch noch insbesondere mein Lehrer und Führer in der innerlichen Geistessammlung! Du bist ja, wie die hl. Theresia versichert, ein großer Meister des Gebetes. Bitte, daß ich diese heilsame Kunst, diese vortrefflichste Wissenschaft der Heiligen, mehr und mehr mir aneigne, die Wahrheiten des Heiles immer besser erkenne, sie in ein gutes und gelehriges Herz aufnehme und so ein in Gott verborgenes Leben führe.

So geschehe es durch die Verdienste aller deiner Tugenden und durch deine Fürbitte, daß, nachdem ich aus Liebe zu Jesu die irdischen Güter verlassen, ich auch in seiner Nachfolge meine große und einzige Freude finden möge! Es geschehe, o heiliger Joseph, daß ich mit Gott umzugehen lerne und mich also vorbereite, Ihn in alle Ewigkeit mit dir und allen Auserwählten des Himmels zu preisen! Amen.

Gebet zum hl. Joseph

Sei mir gegrüßt, o mein auserwählter Schutzpatron, lieber heiliger Joseph, du bist ein mächtiger Fürbitter bei Gott und beschützest alle, die auf dich ihr Vertrauen setzen. Du weißt es, o großer heiliger Joseph, welch inniges Vertrauen ich zu dir habe und daß ich nach Jesus und Maria alle meine Hoffnungen auf deine Fürbitte setze.

Dir war der menschgewordene Gott gehorsam; das göttliche Kind war dir untertänig, vor dem alle Geschöpfe des Himmels und der Erde die Knie beugen. O, wie solltest du diejenigen verlassen können, die ein Verlangen tragen, Gott zu gefallen, Gott zu lieben und einstens in ihm ewig selig zu werden.

Heiliger Joseph! Dies Verlangen habe ich, darum rufe ich dich um deine Fürbitte mit Vertrauen an. Erbitte mir von deinem göttlichen Pflegesohne, unserem dereinstigen Richter, der im allerheiligsten Sakramente bei uns wohnt, die Gnade, Ihn oft und recht würdig in der hl. Kommunion empfangen zu können, um dadurch Gnade, Kraft und Stärke zu erlangen, seine Gebote treu zu halten, nach deinem Beispiel alle

Pflichten meines Standes genau und pünktlich zu erfüllen und in allem nur das Wohlgefallen Gottes zu suchen.

O heiliger Freund und Tröster der Sterbenden! Ich bitte dich durch die Liebe, welche du allzeit zu Jesus und Maria getragen hast, stehe mir in meiner Sterbestunde bei, tröste und stärke mich in meiner Todesangst und erbitte mir die Gnade, nicht ohne die hl. Wegzehrung aus dieser Welt zu scheiden und so mit Jesus vereint die Reise in die Ewigkeit anzutreten, um Ihn dort mit dir und Maria, meiner himmlischen Mutter, zu loben und zu lieben und anzubeten in alle Ewigkeit. Amen.

Druckerlaubnis erteilt und für die Diözesanen einen Ablaß von 40 Tagen gewährt.
Trient, am 21. Februar 1901. † Eugen Carl, Fürstbischof.

Ablässe

Die sieben Sonntag, die Mittwoche, die zwei Feste und Novenen zu Ehren des hl. Joseph

An allen den genannten Tagen oder Zeiten kann man durch Verrichtung der Gebete zu Ehren der sieben Schmerzen und Freuden des hl. Joseph teils vollkommene, teils unvollkommene Ablässe gewinnen. Diese Gebete und Ablässe sind weiter vorn Seite 185 angegeben.

Eine weitere neuntägige Andacht zu Ehren des hl. Joseph kann zu jeder Zeit des Jahres öffentlich oder privatim gehalten werden mit Gebeten, welche von

der zuständigen geistlichen Behörde gutgeheißen sind. Man kann sich also beliebiger, in diesem Buche enthaltener Gebete bedienen. Dafür sind bewilligt:
1.) 300 Tage Ablaß an jedem Tag der Novene.
2.) Vollkommener Ablaß an einem Tag derselben oder an einem der acht unmittelbar folgenden Tage, wenn man die hl. Sakramente der Buße und des Altares empfängt und nach der Meinung des hl. Vaters betet.

Der Monat März zu Ehren des hl. Joseph

Die Gläubigen, welche während des ganzen Monates März irgendwelche fromme Übungen von Gebeten und Tugendakten zu Ehren des hl. Joseph verrichten, gewinnen folgende Ablässe:
1.) 300 Tage an jedem Tage des März.
2.) Vollkommener Ablaß an einem beliebigen Tage, wenn man die hl. Sakramente der Buße und des Altares empfängt und nach Meinung des hl. Vaters betet. Ferner kann man diese Ablässe auch dann gewinnen, wenn man diese fromme Übung eher anfängt, so daß man sie mit dem Feste des hl. Joseph (19. März) schließt.
Jene Gläubigen, welche im März rechtmäßig behindert sind, gewinnen die Ablässe, wenn sie irgendeinen andern Monat in besagter Weise dem hl. Joseph weihen.

Novene zum hl. Joseph

Wer in einem geistlichen oder zeitlichen Anliegen eine neuntägige Andacht zum hl. Joseph halten will, kann dazu aus den vorhergehenden Gebeten die entsprechende Wahl treffen.

Skapulier des hl. Joseph

In einer Audienz vom 18. April 1893 hat Papst Leo XIII. dem jeweiligen General der Kapuziner die Vollmacht erteilt, ein Skapulier des hl. Joseph zu weihen, wie auch andern Welt- und Ordenspriestern die Fakultät zu übertragen, solche Skapuliere zu weihen und anzulegen.

Das St. Josephsskapulier hat die Form und Gestalt der übrigen Skapuliere. Es besteht aus zwei viereckigen Stücken wollenen Tuches von violetter Farbe, welche durch zwei weiße Bänder miteinander verbunden werden. Auf die zwei violetten Stückchen sind zwei andere gleichgroße Tuchstreifen von goldgelber Farbe aufgenäht. Dem einen (vordern) dieser goldgelben Stückchen ist das Bild des hl. Joseph eingeprägt, welcher auf dem rechten Arme das Jesuskindlein trägt und in der linken Hand eine Lilie hält. Unter dem Bild stehen die Worte: „Sancte Joseph, Protector Ecclesiae, ora pro nobis — Heiliger Joseph, Patron der Kirche, bitte für uns." Das andere (hintere) goldgelbe Stückchen zeigt uns in der Mitte die päpstliche Tiara (dreifache Krone), oberhalb derselben den hl. Geist, unterhalb ein Kreuz und zwei Schlüssel, sowie die Worte: „Spiritus Domini Ductor eius. — Der Geist des Herrn ist sein Führer." In dieser Form ist das Skapulier durch Dekret der hl. Ritenkongregation vom 18. April 1893 für die ganze Kirche approbiert.

Der Zweck des Skapuliers ist ein dreifacher: 1. Die Gläubigen sollen den glorreichen Patron der hl. Kirche durch das beständige Tragen des Skapuliers, noch mehr aber durch die Nachahmung seiner Demut, Reinheit und Gerechtigkeit verehren; 2. sollen sie dadurch wahren christlichen Geist, heilsame Furcht vor der Sünde und reichliche Gnaden zur treuen Erfüllung der Standespflichten erlangen; 3. sollen dieselben durch das andächtige Tragen des Skapuliers die ganze Kirche und namentlich sich selbst unter den besondern Schutz des hl. Joseph stellen für alle Nöten dieses Lebens, vorzüglich aber für die Sterbestunde.

Die einzige Pflicht und Bedingung zur Erreichung dieses Zweckes und zur Gewinnung der folgenden Ablässe besteht darin, daß die Gläubigen das von einem bevollmächtigten Priester geweihte Skapulier andächtig tragen. Das Einschreiben der Namen in ein Verzeichnis und die Verrichtung bestimmter Gebete ist nicht nötig.

Wenn das erste Skapulier verloren geht oder unbrauchbar wird, kann man sich selbst ein neues anlegen, welches nicht geweiht zu sein braucht.

An Orten, wo sich Kapuziner befinden, haben nur diese die Vollmacht, das St. Josephsskapulier zu weihen und anzulegen; an andern Orten können auch die übrigen Welt- und Ordenspriester es gültigerweise tun, wenn sie hierzu die Vollmacht erlangt haben. – Sämtliche Mitglieder des Priester-Anbetungs-Vereines besitzen diese Vollmacht.

I. Vollkommener Ablass

1. Am Tage der Bekleidung mit diesem Skapulier
2. Am Weihnachtsfeste
3. Am Feste der Beschneidung des Herrn
4. Am Feste der Erscheinung des Herrn
5. Am Osterfeste
6. An Christi Himmelfahrt; dann an folgenden Muttergottesfesten:
7. Unbefleckte Empfängnis
8. Mariä Geburt
9. Mariä Verkündigung
10. Mariä Reinigung
11. Mariä Himmelfahrt
12. Am Feste des hl. Joseph (19. März)
13. Am Schutzfest desselben Heiligen (3. Mittwoch nach Ostern), – wenn die Gläubigen nach Beichte und Kommunion ihre Pfarrkirche oder sonst eine Kirche von der ersten Vesper angefangen bis zum Sonnuntergang jener Tage besuchen und dortselbst nach Meinung des Heiligen Vaters beten.
14. In der Todesstunde, wenn sie wie oben vorbereitet oder wenigstens mit reuigem Herzen den hl. Namen Jesu im Herzen, wenn sie es mit dem Munde nicht können, fromm anrufen.

Ferner die Stationsablässe, wenn sie obengenannte Kirche besuchen und dortselbst wie oben beten.

II. Unvollkommener Ablass

100 Tage einmal täglich, wenn sie ein Vater unser, Gegrüßt seist du und Ehre sei dem Vater mit der Anrufung beten: Hl. Joseph, bitte für uns.

Alle diese Ablässe sind den Seelen des Fegfeuers zuwendbar. Papst Leo XIII. durch Reskript der Ablaßkongregation vom 8. Juni 1893.

INHALT

ERSTER TEIL: Betrachtungen auf jeden Tag des Monats.. 9

1. Tag Gebetsmeinung für den Monat des hl. Joseph ..10
2. Tag Die dreifache Krone des hl. Joseph 13
3. Tag Würde des hl. Joseph 15
4. Tag Der Reichtum des hl. Joseph 18
5. Tag Die königliche Abstammung des hl. Joseph 20
6. Tag Die Heiligkeit Josephs bereitet ihn auf sein erhabenes Amt würdig vor...23
7. Tag Wonach man die Größe des hl. Joseph am besten beurteilen kann...26
8. Tag Der hl. Joseph lebte nur für Jesus 28
9. Tag Der hl. Joseph, ein guter und getreuer Diener....31
10. Tag Der hl. Joseph, ein beständiger Anbeter............33
11. Tag Anbetertugenden des hl. Joseph.........................35
12. Tag Von den Erleuchtungen, die der hl. Joseph bei der Anbetung empfing 37
13. Tag Zurückgezogenes Leben des hl. Joseph.............39
14. Tag Stillschweigen des hl. Joseph 42
15. Tag Glaube des hl. Joseph 44
16. Tag Gläubige Anbetung des hl. Joseph 46
17. Tag Hingabe des hl. Joseph..49
18. Tag Demut des hl. Joseph 52
19. Tag Fest des hl. Joseph...54
20. Tag Der hl. Joseph, ein vollkommenes Vorbild der Reinheit...56
21. Tag Der hl. Josef, ein Muster des vollkommenen Gehorsams...59
22. Tag Der hl. Joseph, ein vollkommenes Vorbild der Armut..62
23. Tag Der hl. Joseph, ein ganz vollkommener Vorgesetzter 65

24. Tag Die sieben Schmerzen des hl. Joseph 67
25. Tag Das Mitleiden des hl. Joseph 71
26. Tag Der hl. Joseph leidet ohne Trost 74
27. Tag Der hl. Joseph, ein Martyrer der Liebe 76
28. Tag Der hl. Joseph, Haupt der hl. Familie 78
29. Tag Das Leben des hl. Joseph in der hl. Familie 81
30. Tag Seliger Tod des hl. Joseph 83
31. Tag Der hl. Joseph ist ein mächtiger Beschützer 86

ZWEITER TEIL: Verschiedene Andachtsübungen ... 90

Messe am Feste des hl. Joseph 90
Messe am Schutzfest des hl. Joseph 115
Vesper am Feste des hl. Joseph 120
Vesper am Schutzfest des hl. Joseph 136
Andachtsübungen zur heiligen Beichte 140
Kommuniongebete 145
Kreuzwegandacht in Vereinigung mit dem hl. Joseph 152

DRITTER TEIL: Einzelne Gebete und mit Ablässen bereicherte fromme Übungen zu Ehren des hl. Joseph 164

Litanei zum hl. Joseph 164
Kurze neun- (oder drei) tägige Andacht zu Ehren des hl. Joseph 166
Weiheakt an den hl. Joseph 168
Anderes Weihegebet zum hl. Joseph 169
Erwählung des hl. Joseph zum Beschützer für sich und sein Haus 171
Anderes Weihegebet 171
Lobsprüche auf den hl. Joseph 172
Grußgebet zum hl. Joseph 173
Gebet zum hl. Joseph um einen seligen Tod 174
Stoß- und Ablaßgebete zum hl. Joseph 174
Zur Erlangung eines guten Todes 174

Gebet zum hl. Joseph (v. hl. Bernhardin von Siena)...175
Gebet zu Ehren des hl. Joseph für die Sterbenden 175
Gebet zum hl. Joseph als Patron der katholischen Kirche 176
Anderes Gebet zum hl. Joseph als Patron der katholischen Kirche..177
Gebet zum hl. Joseph für die Kirche (besonders für den Monat Oktober) von Papst Leo XIII. selbst vorgelegt.178
Responsorium zu Ehren des hl. Joseph........................179
Das Memorare zum hl. Joseph 180
Gebete zu Ehren der sieben Schmerzen und der sieben Freuden des hl. Joseph 181
Gebet zum hl. Joseph um die Tugend der Reinheit ...186
Gebet einer Ordensperson zum hl. Joseph 186
Gebet zum hl. Joseph 188
Ablässe..189
Die sieben Sonntag, die Mittwoche, die zwei Feste und Novenen zu Ehren des hl. Joseph 189
Der Monat März zu Ehren des hl. Joseph 190
Novene zum hl. Joseph 190
Skapulier des hl. Joseph 191

BILDNACHWEIS:

Coverbild: Heiliger Josef
Beuroner Kunst (19. Jahrhundert), Foto: Sando Zwiesele
© Beuroner Kunstverlag, D–88631 Beuron
www.klosterkunst.de
Das Motiv ist als Kunst-Postkarte Nr. 6807 erhältlich.